乙女の湯布院・阿蘇

雑貨屋&カフェさんぽ

かわいいお店めぐり

「旅ムック」編集部 著

Mates-Publishing

CONTENTS

阿蘇郡西原村

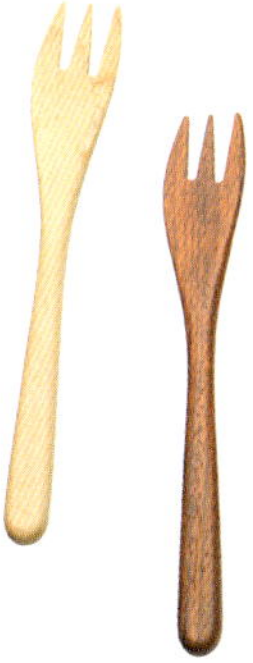

阿蘇郡南阿蘇村・高森町

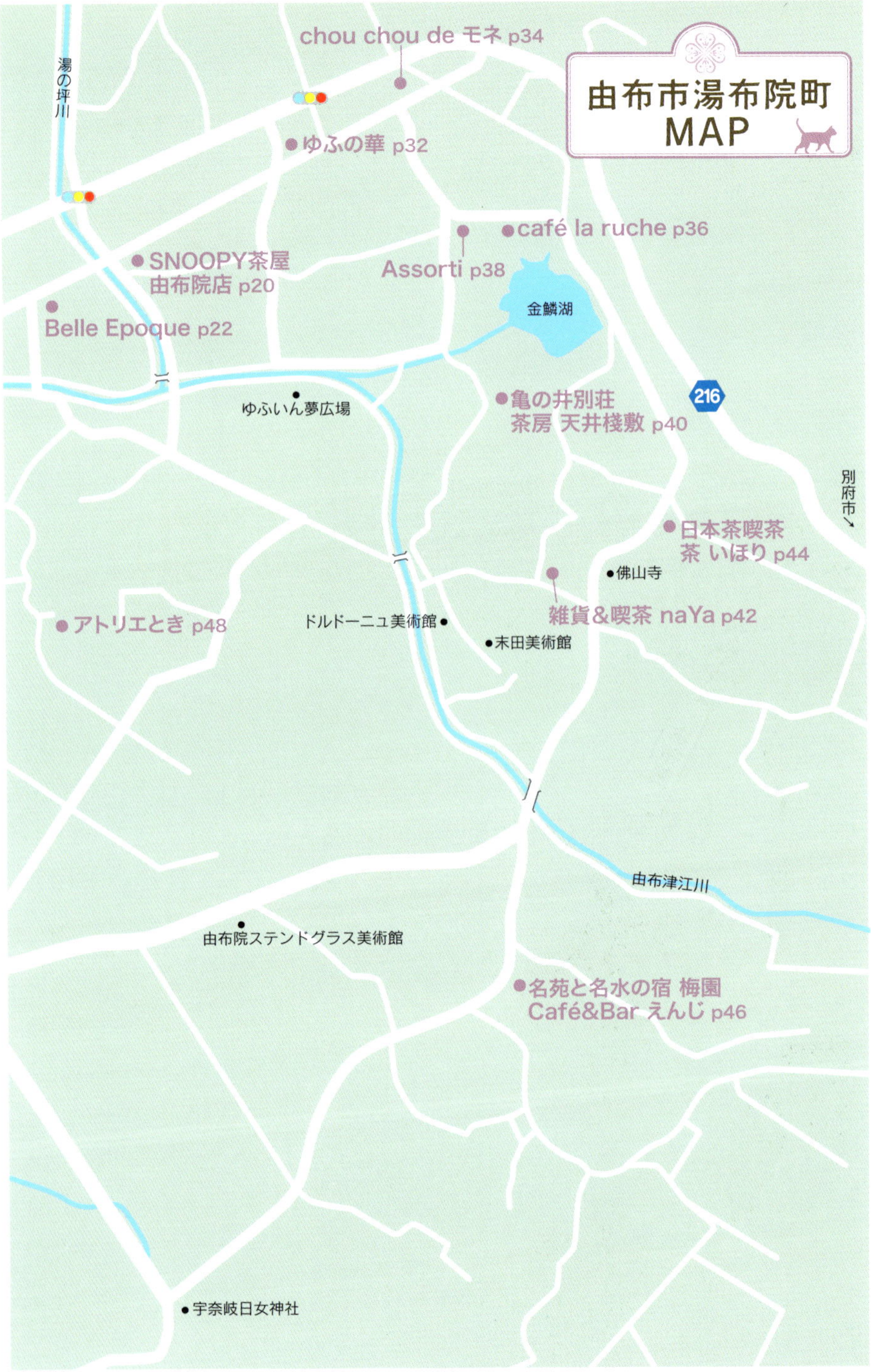
由布市湯布院町
MAP
chou chou de モネ p34
ゆふの華 p32
café la ruche p36
Assorti p38
SNOOPY茶屋
由布院店 p20
Belle Epoque p22
湯の坪川
金鱗湖
216
ゆふいん夢広場
亀の井別荘
茶房 天井桟敷 p40
別府市
日本茶喫茶
茶 いほり p44
佛山寺
雑貨&喫茶 naYa p42
アトリエとき p48
ドルドーニュ美術館
末田美術館
由布津江川
由布院ステンドグラス美術館
名苑と名水の宿 梅園
Café&Bar えんじ p46
宇奈岐日女神社

陸上自衛隊 湯布院駐屯地
617
白滝川
由布院IC
216
消防署
Aコープ
鞠智 p26
大分銀行
fufu p30
kotokotoya p24
Deux Parfum p28
由布院郵便局
クラフト館 HACHINOSU p10
nicoドーナツ 湯布院本店 p14
由布院市役所 湯布院庁舎
ナチュラルカフェ Siesta p12
由布院小学校
R.M.S.イマヨシ p16
GS
野矢駅
大分川
法蓮寺
バスセンター （亀の井バス）
JA
ローソン
ノーマン・ロックウエル 湯布院美術館
由布院
平成・御幸通り
豊和銀行
A:GOSSE p18
クアージュゆふいん 健康温泉館
日産レンタカー
公園
大分川
興禅寺
617
JR久大本線
南由布駅

阿蘇市、阿蘇郡南阿蘇村・高森町
MAP
大観峰
212
エルパティオ Diner p86
OSHIMAYA家具カフェ p62
阿蘇温泉病院
ヒバリカフェ p84
森本金物店 p70
etu p68
149
隠れ茶房 茶蔵 p92
olmo coppia
p94
阿蘇神社
産庵 p66
内牧
JR豊肥本線
阿蘇
いこいの村
ナフコ
57
宮地
265
市ノ川
菓心 なかむら p90
阿蘇小町CAFE
p64
珈琲と紅茶 瑞希 p82
阿蘇
カドリードミニオン
国立阿蘇青少年
交流の家
Vege Bliss p88
赤水
Tien Tien p72
湧水かんざらしの店 結
p74
TOMMY'S ANTIQUES &
STAINED GLASS p76
北風商店 p78
Little eagle &
AOtsuki p80
111
阿蘇猿まわし劇場
阿蘇ファームランド
298
阿蘇山
Seiffener Tippel p100
南阿蘇 素材のみる夢 めるころ p98
robin ASO p96
cafe LEEK p116
長陽
加勢
阿蘇下田城ふれあい温泉
265
和菓子とみそらや
café p110
南阿蘇水の生まれる里
白水高原
ファミリーマート
阿蘇cafe SOSUI
南阿蘇菓子処 蘇水 p114
325
高森町役場
hand-sewn 免の石
p112
中松
南阿蘇鉄道高森線
ダイレックス
南阿蘇村
役場
阿蘇白川
南阿蘇
白川水源
高森
見晴台
Cafe Scarecrow
p108
絵本カフェ
カシュカシュ
p104
DOG GARDEN
南を翔る風 p102
28
265
のほほんcafe Bois Joli p106

阿蘇郡小国町・南小国町
MAP
387
中岳
そらいろのたね p60
北里駅跡公園
318
ナフコ
GS
大塚山
387
小国町役場
小国高等学校
小国中学校
小国ドーム
442
小国支援学校
南小国町役場
茶菓房 林檎の樹 p52
城尾岳
カフェ 果林 p50
Tea room 茶のこ p54
中原小学校
雑貨 来風 p58
GS
212
134
りんどうヶ丘小学校
442
317
Ciel p56

阿蘇郡西原村
MAP
207
白川
俵山トンネル
145
琉球器の店 ゆい p120
28
225
36
山西小学校
俵山交流館
萌の里
山田牧場
阿蘇くまもと
空港
206
ナフコ
西原中学校
交番
西原村役場
阿蘇マロンの樹 p122
イツカキタミチ p118
Dream Catcher
西原店 p124
36
28
益城熊本空港I.C
河原小学校
津森郵便局

本書の使い方

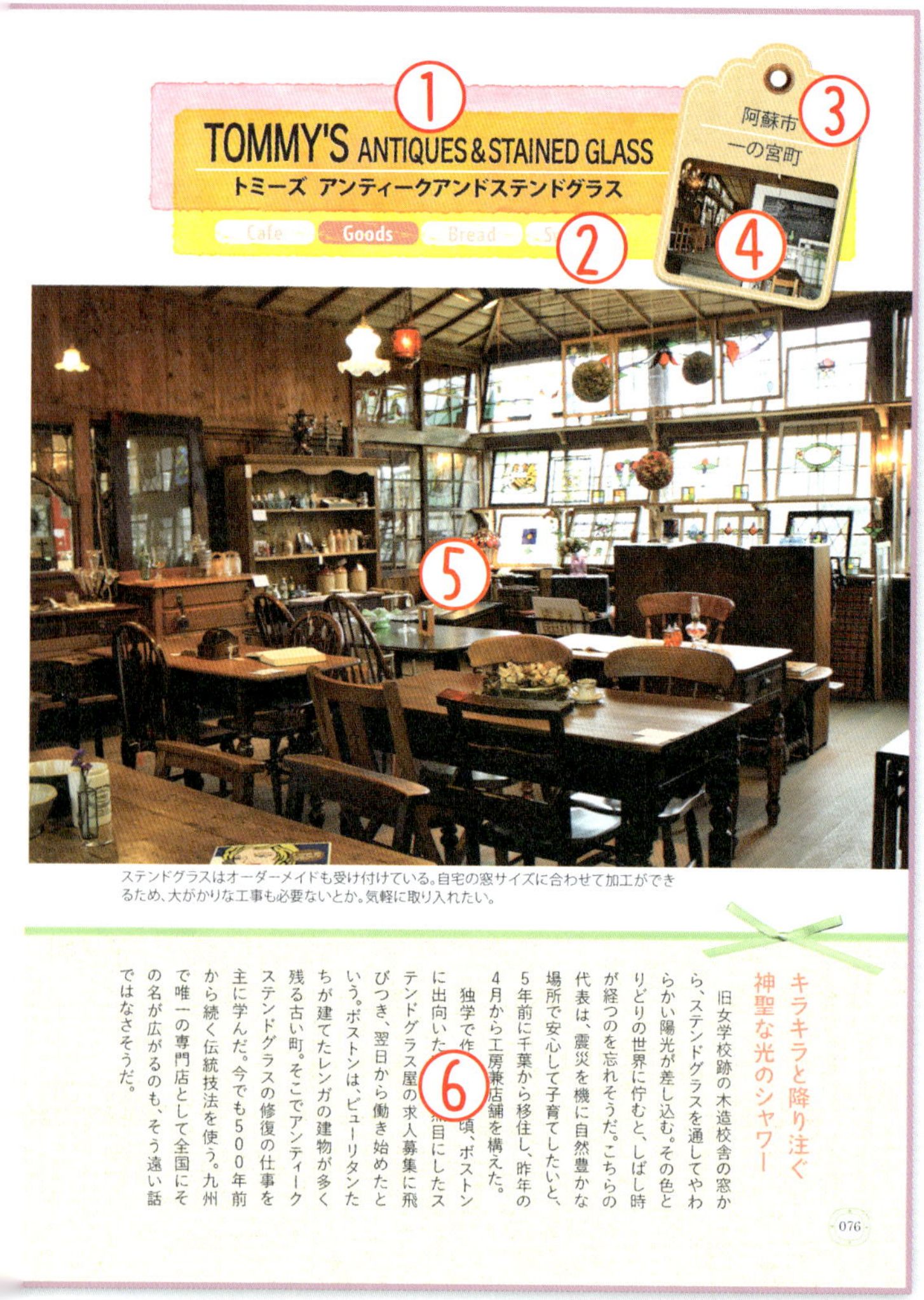

①店名

お店の名称と読み方です。

②ジャンル

カフェ、雑貨、パン、
スイーツetc、のアイコンです。

- Cafe　カフェ
- Goods　雑貨
- Bread　パン
- Sweet etc　スイーツetc（テイクアウト含む）

③エリア

湯布院（大分県由布市湯布院町）／小国・南小国（熊本県阿蘇郡小国町・南小国町）／阿蘇市（熊本県）／南阿蘇（熊本県阿蘇郡南阿蘇村・高森町）／西原（熊本県阿蘇郡西原村）の5エリアです。

④外観

お店の外観や玄関、エントランスなどの写真。お店の目印に。

⑤メイン写真

お店イチオシの写真。

⑥本文

お店の雰囲気や特徴、コンセプト、ポイントなどを判りやすく紹介しています。

※本書に記載した情報は、すべて2016年3月現在のものです。商品や値段、営業時間の内容などが変更になる場合があります。事前にお問い合わせください。
※掲載順は、順不同になっています。特定のお店をお探しの場合は、INDEX（p.126〜p.127）をご覧ください。
※商品の値段は数量が明記されている場合を除き、全て1個の値段（税込み）です。詳細は各お店に、お問い合わせください。

⑦ クローズアップ写真

お店の雰囲気やおすすめのものなどお店のポイントとなるモノを紹介しています。

⑧ ピックアップ写真

お店イチオシの商品やメニューなどを紹介しています。

⑨ メニュー or おすすめの品

メニュー及びおすすめの品を紹介しています。金額は消費税込みの金額を表記してます。

⑩ スタッフ

親しみやすいスタッフからのコメントやおすすめポイントを肩書き・名前と共に紹介しています。

⑪ お店のデータ

- 電話番号
- 交通アクセス
  最寄りの公共交通機関等から目安の時間を表記してあります。
- 住所
  お店の住所を表記してあります。
- 営業時間
  お店が開いている時間。閉店時間とオーダーストップ（OS）時間を表記してあります。
- ランチ時間
  ランチの時間を表記してあります。
- 総席数
  総席数を表記してあります。
- 喫煙の有無
  喫煙が可能かを表記してあります。
- 店休日
  店休日を表記してあります。
- 駐車場
  駐車場がある場合、台数を表記してあります。
- CARD カードの有無
  クレジットカードが使用できるかを表記してあります。

乙女の湯布院・阿蘇
様々な形のイギリス製計量カップ。
部屋に飾るだけで雰囲気が出る。
⑧
Item
ステンドグラス小 3,000円～
キャンドル 3,200円
アンティー 4,600円～
体験教室 4,000円
⑨
CAFÉ
粉や砂糖入れとして使われていたボトル。いくつか並べるとかわいさもアップ。
⑦
1 体験教室もあり。好きなガラスを4種選び、ガラスをカットして組み立て、木枠に入れて完成。
2 アンティーク家具や雑貨も扱う。イギリスへ買い付けに行く際はコンテナ船がいっぱいになるとか。
3 窓だけでなく、扉やランプなどあらゆるものに取り入れられるのもステンドグラスの良さ。
阿蘇市役所
一の宮中学校
阿蘇神社
宮地小学
阿蘇中央高
の宮郵便局
阿蘇警察署
JR豊肥本線
宮地駅
110
57
⑫
TOMMY'S ANTIQUES&STAINED GLASS
090-7817-3105
JR豊肥本線「宮地駅」から車で約8分
熊本県阿蘇
町宮地3204
（旧女学校
10:00～17
水・木曜
20台
各種可
⑪
⑩
代表／ステンドグラス作家 富澤礼司さん
アンティークステンドグラスの魅力を多くの方にお伝えしたいです。
077

⑫ 小マップ

お店周辺のマップです。
道路やランドマークを簡略化して表記しています。
また最寄りの電停やバス停、駅名を表記しています。

クラフト館 HACHINOSU

クラフトカン　ハチノス

Cafe　**Goods**　Bread　Sweet etc.

由布市
湯布院町

店内のレイアウトは手づくり作家さんのコーナー、木工クラフトコーナー、ガーデニングコーナーなど、キレイに区切られていて見やすく手に取りやすい。

ワクワクするアイテムで、夢が広がる世界

入口の巨大な花のモニュメントや、頭上で揺れる鳥や魔女のモビールに迎えられながら店内を見渡すと、国内外の作家さんによる作品や温もりのある木工クラフト品、メーカーの最新品など、数々の味のある個性的なアイテムに出会える。店内奥には新たにジュエリー工房を備え、職人の仕事ぶりを間近に見ながらゆっくりとショッピングを楽しめるという魅力も加わった。由布院駅を降りたら迷わず直進してみよう。夢が詰まった「ハチノス」が待っている。

また、ちょっと足を伸ばして湯の坪通りに行くと、十二角形の屋根を切り抜いた天窓が特徴的なクラフト館蜂の巣「月點波心(ゲッテンハシン)」がある。木工クラフト中心のセレクトで、こちらも見逃せない。

「バンビカバン」のバッグ。
色や素材の使い方が独特で斬新!

Item

「逃猫舎」豆皿	1,080円
バンビカバン	7,780円〜
「吉澤浩」マグ	2,200円
ハリネズミの置物	小2,376円

焼きしめという素焼きより高い温度で焼いた吉澤浩さんのマットな質感のマグ。

1 猫の表情や仕草が細かく表現された「逃猫舎」シリーズ。化粧掛け技法による発色の良さも人気。

2 とぼけた顔に癒されるハリネズミの置物2,376円〜。他にもブタや小鳥など色んな動物がいる。

3 「ベッティーナフランケ工房」の木彫り魔女3,700円。大胆な削りで角を残すのがこの工房の特徴。

クラフト館 HACHINOSU

0977-84-5039
JR久大本線「由布院駅」から徒歩で約4分
大分県由布市湯布院町川上3053-4
9:30〜17:00
水曜
なし
CARD 各種可

店長 川野美和さん
どの作家さんの作品も個性的で面白いですよ。一度見に来てください。

ナチュラルカフェ Siesta

ナチュラルカフェ　シエスタ

Cafe　Goods　Bread　Sweet etc

由布市
湯布院町

季節の果物と豆乳アイスを絡めて頂く「ふぁふぁパンケーキ」。今日だけは、思いっきり大きな口を開けてほおばってもいいんじゃない?いただきまーす!

うたた寝しているようなふわふわ夢心地カフェ

壁、天井、ロフト、家具。見渡す限りに広がる真っ白な世界の合間に、グリーンの扉やレトロな木馬、アンティーク雑貨など、乙女ゴコロをくすぐるカラフルなアイテムがちらり、ちらり。まるで絵本の世界に迷い込んだようなこの店は、スタッフたちの手で作り上げられたというから驚き。

メニューは大分ならではのもの、体に良いものを中心に、無添加にこだわるほっこり系。金鱗湖そばの雑貨屋「アソルティ」と姉妹店なだけあり、雑貨は選りすぐりの一点モノが多く、眺めるだけで心が躍る。

お一人様ウエルカムのカウンター、お子様連れもＯＫのふかふかソファー、それとも友人とまったりできるロフト…、お腹がいっぱいになった後は、どこでうたた寝しようかな。

どこかレトロでラブリーなアクセサリーや
バッグは気に入ったら即買い♪

Menu

ふぁふぁパンケーキ	650円
幸せご飯膳	900円
ガーデンソーダ	680円
ほっと・モカ・ジャバ	680円

アンティークな食器は、使うのも良いけどやっぱり飾る方がベター!?

1 大豆の唐揚げの他に、野菜のお惣菜がしっかり食べられる、体が喜ぶ和食寄りの「幸せご飯膳」。

2 九州産天然水とジンジャー、はちみつを合わせたガーデンソーダは、レモンまたはカボスで。

3 清潔感が漂う白を基調とした店内で、吊り下げ照明やチャーチチェアーが存在感を出している。

ナチュラルカフェ Siesta

☎ 0977-85-4070
JR久大本線「由布院駅」から徒歩で約4分
大分県由布市湯布院町川上3052-3
10:00～17:00(土・日曜、祝日8:30～18:00)
なし
15席（1F2F合わせて）
全席禁煙
木曜
1台
CARD 不可

店長 林貴幸さん
体に良いものを提供するのはもちろん、オーガニック食品も扱います。

nicoドーナツ 湯布院本店

ニコドーナツ ユフインホンテン

Cafe　Goods　Bread　Sweet etc

由布市
湯布院町

好きなドーナツ1個とドリンクがセットの「nicoドーナツセット」500円。写真はドーナツに良く合う、スペイン産のチョコレートを使った口どけの良いドーナツ。

まぁるい穴をのぞいたら ニコっと笑う顔、みっけ

まんまるフォルムの真ん中にぽっかり開いた穴、片手にすっぽり収まる大きさ。大好きなドーナツが体にもやさしいならもっと素敵！と考え、たどり着いたのが大豆ペーストのもちもちドーナツ。油っこくなく食べごたえのある素朴な味わい、まさに想い描いていた理想のカタチが生まれた。

大豆の良さは、その栄養がまるごと取れ、油の吸収を抑えてくれること。そこに雑穀パウダーや三温糖などとミックスさせ、植物性の油をブレンドしてカラッと揚げた。なんと油を6割カット。ドーナツと相性ピッタリの雑穀コーヒーを片手に店内で楽しむも良し、やさしい風合いのパッケージを見せびらかしながら持ち帰るも良し。今日からおやつの時間がとっても楽しみ♪

地元の無農薬カボスを使ったものや、
食感と風味が良い定番人気のものも。

Menu

穀物コーヒー	350円
ドーナツパフェ	500円
飲むダイズスムージー	500円～
大豆シフォンケーキセット	550円

醤油の香ばしさが隠し味の十穀キャラメルアイスがのったドーナツパフェ。

1 この店一番こだわりは、職人泣かせのカーブを描くドーナツ型ショーケース。照明もまんまる。

2 全国に4店舗展開し、オリジナルグッズも制作。ころんとしたハンドメイドのコースター750円。

3 1階のカウンターの他、2階でもイートインOK！子ども用玩具があるのも女性店主ならではの視点。

nicoドーナツ 湯布院本店

0977-84-2419
JR久大本線「由布院駅」から徒歩で約3分
大分県由布市湯布院町川上3056-13
10:00～17:00
なし
1F7席、2階13席
全席禁煙
無休
6台
CARD 不可

オーナー タカクラミキさん
みなさんのココロとカラダがいつもnicoっと幸せになりますように！

R.M.S.イマヨシ

アールエムエスイマヨシ

Cafe　**Goods**　Bread　Sweet etc

由布市
湯布院町

一見い草とは思えないカラフルなコースターは、特殊な加工で鮮やかな色を何通りも出している。タタミと同じ扱いで、濡れても拭けばOK。

ルームメイクスタッフが提案するタタミ雑貨

観光客で賑わうＪＲ由布院駅前から細い路地に入ると、昔ながらの肉屋やおもちゃ屋など、地元の人たちの生活を支える店が集まる商店街「花の木通り」に通じる。タタミを使ったアイテムや生活雑貨を扱う「イマヨシ」もその一つ。

20年以上前から店長のご主人のお父さんがタタミ屋を営み、大分川沿いに工場を持つこちらでは、職人が本業の合間に時間を見つけては制作するという、タタミを使った雑貨が一際目を引く。完全手作業のため大量生産はできないが、加工しやすく丈夫で長持ちし、大事に使えば20年はもつと言われ、国内外問わずメイドインジャパンの魅力にハマっている人が多いとか。それぞれに違う表情を持つタタミ、一度使えば虜になるかも。

タタミの鍋しきは厚手で丈夫!
雑貨や花瓶を置いても◎。

Item

い草コースター	300円〜
い草ティーマット	600円〜
い草ランチョンマット	1,400円〜
い草CDケース(12枚)	1,200円

なんとマウスパッドにも!い草の香りに癒されてリフレッシュできそう。

1 かわいくて使えるキャラクター雑貨やキッチンアイテム、ベビー・キッズアイテムも豊富。

2 タタミのへりにも色んなデザインがある。オーダーも可能なので好きなものを選んでみては?

3 カラフルない草のランチョンマットやティーマットを使えば、晴れやかな気分で過ごせそう。

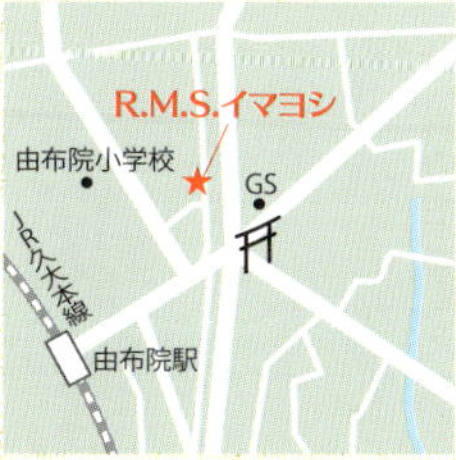

R.M.S.イマヨシ

☎ 0977-85-4428
JR久大本線「由布院駅」から徒歩で約3分
大分県由布市湯布院町川上花の木通り
9:00〜18:00
火曜、第3日曜
1台
CARD 各種可

雑貨部店長 **今吉桂子**さん
室内装飾の仕事をしている主人と改装した店です。棚もお手製です。

A:GOSSE

アーゴス

Cafe　Goods　Bread　Sweet etc

由布市
湯布院町

パン棚の奥には、ミントグリーンが爽やかなベトナムの台所棚や、小国のパン屋さんのオーナーが作った戸棚なども店のインテリアとして重宝している。

由布院駅近くの小さな小さなパン屋さん

大人が一人通ればいっぱいになる通路を抜けると、ずらりと棚に並ぶ焼きたてパン。好きなことをやっている間は時間を忘れるような「悪ガキ心」を持ち続けたい、という思いで付けられた「アーゴス」では、全粒粉や胚芽入りの生地に、湯布院の牧場の搾りたて牛乳や九住の平飼い卵、鹿児島県産の洗双糖を合わせた、体にやさしいパンが食べられる。

パンの食べ歩きが大好きなオーナー夫妻が、小国の人気パン屋との出会いをきっかけに店を立ち上げて5年目。チェコやベトナム、タイで買い付けた雑貨も年々増えてきた。半数以上のお客が町民の中、旅館の朝食で食べて美味しかったからと買いに来る観光客もいて、土日は小さな店の中がちょっとしたお祭り騒ぎになる。

ケニアのフェアトレードぬいぐるみは
独特のセンス。制作者の名前タグ付。

Menu & Item

クロワッサン	190円
レトロバケット	290円
レザーヘアゴム	850円
オリジナルパンバッグ	1,100円

昔ながらの製法で作られるバケット。粉の旨みと塩のまろやかさが引き立つ。

1 ベトナムのロングスプーンやケニアのアニマルボールペンなど、キッチュなアイテムがいっぱい。

2 店をするきっかけとなったのは、小国のパン屋のクロワッサン。お手製ウサギロゴは買い物袋にも。

3 オリジナルパンバッグのメッセージはその時によって変わる。こちらは「星の王子様」の一節。

A:GOSSE

☎ 0977-84-5868
JR久大本線「由布院駅」から徒歩で約4分
大分県由布市湯布院町川上2912-2
9:30～18:00（なくなり次第終了）
水・木曜（祝日は営業）
3台
CARD 不可

オーナー **丸山雅裕**さん、**亜紀子**さん**夫妻**
少しですが、大分の作家さんによる皮小物なども扱っています。

SNOOPY茶屋 由布院店

スヌーピーチャヤ ユフインテン

Cafe Goods Bread Sweet etc

由布市
湯布院町

入口で出迎えてくれるのは、3色団子を持ったスヌーピー。もちろん、絶好の撮影スポット。
物販コーナーへはカフェの中を通って行くこともできる。

大好きなスヌーピーと過ごす和のある風景

世界中で愛されるスヌーピーとその仲間たちに囲まれながら、ゆっくり食事を楽しめる和カフェ。ぼんぼりや豆皿、和紙などのアイテムで飾られた和モダンな店内は、至るところにキャラクターが見え隠れする小粋な仕掛けが。頭上の障子のシルエットなど「こんなところにいた！」と、みんなで隠れスヌーピーを探すのも楽しい時間になりそう。

さらに、メニューもスヌーピーだらけ。顔の形になっているオムライスや、ウッドストックが主役の和風出汁のカレーライス、スヌーピーが浮かぶラテに、顔型マシュマロがのったパフェ。もちろん、見た目だけでなく味も本格的。隣では限定グッズを扱うショップや、テイクアウトのコーナーもあるので、お土産や食後の食べ歩きにぴったり！

顔型オムライスや抹茶ラテは、かわい
過ぎて食べるのがもったいない!?

Menu

白玉ぜんざい	650円
スヌーピー抹茶ラテ	800円
スヌーピー抹茶パフェ	950円
ハンバーグオムライス	1,500円

ここでしか手に入らない、カボスをあしらったスヌーピーグッズも充実。

1 店内ではスヌーピーのアニメが流れ、棚にはレアものアイテムや子供が喜ぶ絵本が並ぶ。

2 色んなデザインがあって、どれにしようか迷う限定トートバッグは、使い勝手も抜群。

3 天然素材のみで作るマシュマロがキュート。抹茶ゼリーやアイス、栗や団子など盛りだくさん。

SNOOPY茶屋 由布院店

☎ 0977-85-2760

JR久大本線「由布院駅」から車で約8分
大分県由布市湯布院町川上1524-2
【レストラン】10:00～17:30(OS)
12/11～3/10は～17:00(OS)
【喫茶】10:00～17:00(OS)
12/11～3/10は～16:30(OS)
【グッズショップ及びテイクアウト】9:30～17:30
12/11～3/10は～17:00
10:00～15:30(OS) 12/11～3/10は～15:00(OS)
50席　全席禁煙　無休
なし　各種可

店長 **清水**さん、スタッフ **秋吉**さん
スヌーピーに囲まれながら和を感じる食事と甘味をお楽しみください。

Belle Epoque

ベルエポック

Cafe　Goods　Bread　Sweet etc

由布市
湯布院町

電話や楽器、地球儀など、細部までリアルに再現されたアンティーク調の鉛筆削り。ひとつ550円とリーズナブルな価格で集めやすく、コレクターも多いとか。

レトロでチャーミングなビンテージ雑貨に釘づけ

フランス語で「良き時代」と訳される「ベル・エポック」は、19世紀末から20世紀頭にかけて、フランスのパリを中心に新しい文化や芸術が栄えた華やかな時代を指すとか。こぢんまりした店内に並ぶアンティーク調の雑貨や器、たくさんのアクセサリー、それらがディスプレイされている棚や、ほんのりとした照明からは、まさに「ベル・エポック」を思わせる雰囲気が漂う。また、アンティーク調雑貨だけでなく、北欧系雑貨や大分の作家さんが作る器など、老若男女問わずに愛されるバラエティに富んだ小物も充実。

　併設のカフェでは、スティックタイプのチーズケーキやチーズのソフトクリームを販売。テラスはもちろん、ぶらり歩きのお供にもどうぞ。

部屋の壁に押しピンで留めるだけで
プチ・クールにイメージチェンジ。

1

3

2

Menu & Item

アンティーク調鉛筆削り	550円
アンティークピアノ	10,500円
ちーずcake	1本200円
ちーずソフト	300円

ガーデニングだって手を抜きたくない!
なら、こんなポットはいかが?

1 写真だけでなく、フォトフレームの雰囲気に合うアンティークなポストカードを入れても良さそう。

2 レトロな味わいがたまらないミニアンティークピアノは、鍵盤を叩くとちゃんと音が鳴る。

3 手作り作家さんの器の他に、北欧系のマグも種類豊富に揃っている。日常使いに重宝する。

Belle Epoque

0977-84-2005
JR久大本線「由布院駅」から徒歩で約13分
大分県由布市湯布院町川上1098-1
9:00〜18:00
なし
テラス6席
テラス席のみ喫煙可
無休
なし
CARD 不可

店長 **大久保久美**さん
店内のあちこちに色んな雑貨が隠れてるので、探してみてくださいね。

kotokotoya

コトコトヤ

Cafe　Goods　Bread　Sweet etc

由布市
湯布院町

新鮮な苺の形や香りをそのまま残した大分県産の苺ジャムと、ジャムとの相性抜群のオリジナルスコーンを合わせた「スコーンwith自家製ジャム」400円。

湯布院の風とともにことこと煮込んで30年

いつもたくさんのお客さんで賑わう、湯の坪街道沿いの老舗ジャム専門店。店の通りから1本外れた途端に広がるのどかな風景の一角に、そのジャムを作る工房と、ジャムを使ったスイーツを楽しめるカフェが佇む。川のせせらぎを聞きながら由布岳を望める店内では、作っているときの香りも楽しんで欲しいと、オープンキッチンの演出が心憎い。

県内の契約農家から取り寄せるブルーベリーや柚子などのフレッシュ果実は、この店のジャムに合う品種のみを使う。果肉を絞った後は丁寧にこし、ひと鍋ごとに煮ていくという気が遠くなるような時間をかけるからこそ、果実の自然な色や香りがそのままジャムとして生み出される。やわらかな甘さを存分に楽しもう。

ヨーグルトにキーウィジャムを添えて。
酸味と甘さのハーモニー♪

Menu & Item

林檎のコンポート	450円
まきのやのトースト	500円
シフォンケーキwithジャム	500円
工房木輪のコースター	1,728円

ラベルも手作業で貼るお土産用ジャムは、プレゼントとしても喜ばれる。

1 大きなガラス張りのカフェスペースでは、由布岳を望みながらゆったり過ごすことができる。

2 多彩なジャムの他に、北欧食器などのキッチンアイテムやカトラリーの販売も行っている。

3 自然に存在感を出す「工房木輪（キリン）」のジャムスプーン＆バターナイフセット2,916円。

kotokotoya

0977-85-3168
JR久大本線「由布院駅」から徒歩で約10分
大分県由布市湯布院町川上3000-1
10:00〜18:00
なし
12席
全席禁煙
火曜（祝日は営業）
5台
CARD 不可

オーナーの奥様 **渕野直江**さん
色んな方が、地場産の良さを見直すきっかけになる店でいたいです。

鞠智

ククチ

Cafe　Goods　Bread　Sweet etc

由布市
湯布院町

手作業で生み出される自家製スイーツやドリンクは、広い庭と由布岳を望めるテラス席で楽しみたい。ワンちゃん連れもOKなので散歩のついでにどうぞ。

オンリーワンを求めて 散策の合間に小休憩

バラエティ豊かな店舗が軒を連ねる繁華街「湯の坪街道」沿いに、地産地消と手仕事にこだわるカフェ「鞠智」がある。「くくち」は「知恵を極め、つつしみ育てる」という意味を持つそうだ。初めて見るのに何だか懐かしさを覚えるメニューや商品には、地元の食材を使い、大量生産では出せない温かみを一つひとつに込めている。

大分の豊かな自然が育んだ手作りの味をいただくなら、ゆったりとした店内はもちろん、開放感あふれるウッドデッキのテラス席や、緑がまぶしい芝生の上がオススメ。カフェの隣には物販コーナーやテイクアウト専用スペースもあり、散策がてらに立ち寄るにはもってこいのスポット。いつまでも記憶に残る味を存分に楽しもう。

手ごねで丸く仕上げた安納芋と紫芋の
スイートポテト、6個入り1,280円。

Menu & Item

自家製コンフィチュール　550円〜
大分県産カボス蜂蜜　550円
ぜんざい(ドリンク付き)　1,000円
オリジナル刺子ポーチ　3,600円〜

何かと使える刺子ポーチや、伊万里焼
コーヒーカップもオリジナルで製作。

1 手作りコンフィチュールをのせた自家製チーズケーキは、ドリンクとセットで950円。

2 季節の果物たっぷりの無添加無着色コンフィール。焼き菓子や紅茶、ミルクなど合わせ方は自在。

3 古材を使用した趣のある店内は大きな窓が設けられ、天気の良い日は日差しが降り注ぐ。

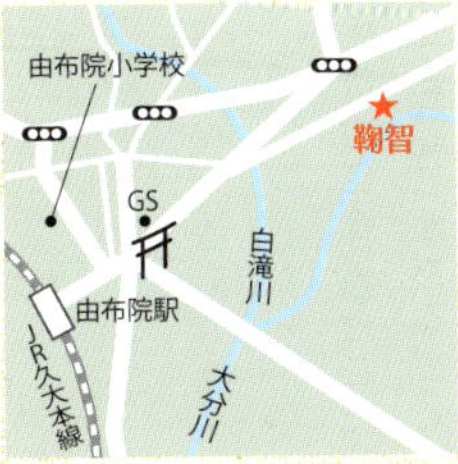

鞠智

☎ 0977-85-4555
- JR久大本線「由布院駅」から徒歩で約12分
- 大分県由布市湯布院町川上3001-1
- 10:00〜17:00(OS16:30)、
  土・日曜、祝日〜17:30(OS17:00)
- 11:30〜14:30(OS)
- 店内30席、テラス20席
- 全席禁煙(テラス席のみ喫煙可)
- 無休
- なし
- CARD 各種可

マネジャー 菊池武久さん
素晴らしい景観の中、地産地消の手作りの味をお楽しみください。

Deux Parfum

ドゥ パルファン

Cafe　Goods　Bread　Sweet etc

由布市
湯布院町

モンチッチのコレクターは、今や全国だけでなく世界中に点在している。レアなアイテムを求めて、遠方から足を運んでくる人が多いとか。

湯布院の専門店でモンチッチをキャッチ

　そばかすにパッチリ目、右手のおしゃぶりとスタイがトレードマークのモンチッチ。フランス語で「私の小さくてかわいいもの」を意味する「モン・プチ」と、モンキーがチュウチュウおしゃぶりを吸うことから名付けられた甘えん坊も、２０１６年の１月で生誕42年を迎えた。今ではラインナップも大きく広がり、家族が増え、色んなキャラクターとのコラボを展開している。

　こちらは、12年前からオープンするモンチッチのオフィシャルショップ・グランデ。こじんまりした店内には、約８００ものモンチッチと関連グッズをはじめ、バラをモチーフとしたエレガントな輸入雑貨やガーデニンググッズなど、幅広いジャンルのアイテムが所狭しと並ぶ。乙女ゴコロをわしづかみにされる胸キュンスポット。

あの、世界中から愛される
キャラクターとのコラボも実現。

Menu & Item

着物モンチッチちゃん	2,800円
マスコットチャーム	2,400円
大分プリントクッキー	650円
ブルガリアハンドクリーム	1,080円

ここでしか買えない大分とモンチッチの
コラボプリントクッキー。

1 アロマやサシェ、服飾やインテリア小物などの輸入雑貨は、オトナ女子に根強い人気のアイテム。

2 2016年1月発売の着物姿のモンチッチちゃんとベビチッチちゃん。モンチッチのお嫁さんと子ども。

3 湯の坪街道沿いでひときわ目立つ、椅子に座った大きなモンチッチがお出迎えしてくれる。

Deux Parfum

☎ 0977-85-3389
JR久大本線「由布院駅」から徒歩で約10分
大分県由布市湯布院町川上2989-4
10:00～17:00(土・日曜、祝日～17:30)
無休
なし
CARD 各種可

オーナー 冨永進さん
私もモンチッチ大ファンの一人。レアなアイテムを集めています。

fufu

フフ

Cafe　**Goods**　Bread　Sweet etc.

由布市
湯布院町

店内外のあちこちに飾られた植物に出迎えられながら、心地良い時間を過ごせる。さりげなく飾られているようでバランスの取れたディスプレイも参考に。

フフッと笑みがこぼれる愛おしい生活雑貨たち

毎日の仕事や家事で何だか疲れてる、と感じる時こそ、身の回りのものにちょっとした変化をつけてみたくなるもの。摘んできた野の花を小ぶりの花瓶に挿したり、肌触りの良いタオルを新調したり、部屋の壁にシェルフを取り付けたり。たったそれだけでなんだか気持ちが晴れやかになるから不思議。

こちらは、生まれも育ちも湯布院のオーナーセレクトによる、ナチュラルテイストな生活雑貨を扱うショップ。大工のオーナーのお父さんが作るオリジナル木工製品や、作家さんによる布雑貨、テーブルウェア、洋服など、小さな楽しみや喜びを見つけられるものばかり。気さくな彼女とのおしゃべりも弾み、店を出る頃には、鼻歌交じりでスキップしてるかも!?

手作りの温かさを感じるハンドメイド
小物はオーナーご友人による力作。

Item

麻バッグ	1,300円
スマイルLEDランタン	860円
ハンドメイドポシェット	1,280円
木工階段シェルフ	1,500円

荷物が多い人も安心の、丈夫な大き目
麻バッグ。普段使いにぴったり。

1 デザインもさることながら機能性に優れるテーブルウェア。使うたびにしっくり馴染んでいく。

2 着心地の良さとシンプルさで長く愛用できるウエアもいっぱい。季節ごとにアイテムを増やしたい。

3 オーナーのお父さんお手製の木工階段シェルフ。その日の気分で飾るものを選びたい。

fufu

☎ 0977-85-3281
JR久大本線「由布院駅」から徒歩で約10分
大分県由布市湯布院町川上2989-6
10:30〜17:30
水曜
4台
CARD 不可

オーナー 福原文代さん
自宅でもしょっちゅう模様替えをするので、良い気分転換になります。

ゆふの華

ユフノハナ

Cafe　**Goods**　Bread　Sweet etc

由布市
湯布院町

品良くディスプレイされた店内。中央の草木100%で染めた二重羽衣ストールは、二重のオーガンジー・シルクの間に白シルク糸が揺れ、まるで天女の羽衣のよう。

自然美と伝統美で暮らしを彩る和小物

金鱗湖からほど近い、湯の坪街道沿いに佇む和雑貨店「ゆふの華」。店内には、福岡県秋月にある「工房夢細工」で作られた、発色が美しい草木染めスカーフやバッグ、和雑貨をはじめ、大分や熊本の作家による陶器、徳島の阿波の和紙など、伝統の技がぎゅっと詰まったアイテムが並び、日本のモノづくりの原点に触れることができる。

オープンして今年で18年。訪れる人それぞれに、店長が一つひとつの商品に込められている思いをじっくり語る姿は、当時から変わらない微笑ましい光景の一つ。購入した商品の修理も行うこちらでは、良いものを長く大事に使うことの大切さ、自然の色が醸し出すやさしさ、次世代に残したい職人の技の尊さを教えてくれる。

ヨットの帆布で作られた丈夫な屋久杉染め
ビニールトート11,232円～。

Item

一筆箋	324円～
和柄ミュール	2,484円
草木染めミニスカーフ	3,240円
二重羽衣ストール	21,600円

由布岳をイメージした一輪挿しや土鈴はオープン当初からの人気アイテム。

1 切りくずと屋久杉の葉を煮出した染液で染め上げた、屋久杉染めアイテム。貴重な染め色。

2 九州ではココでしか手に入らない、知る人ぞ知る鎌倉の「渋柿庵」のアクセサリーも豊富。

3 桜だけを使って染める桜染めは、様々な種類の桜の木、樹皮や芯材、小枝などを使い分ける。

ゆふの華

☎ 0977-85-3523
JR久大本線「由布院駅」から徒歩で約15分
大分県由布市湯布院町川上1481-2
9:00～17:00(土・日曜、祝日～17:30)
無休
なし
CARD 各種可

店長 **日野文恵**さん
店で販売している和紙で作った手作りランプシェードもオススメです。

chou chou de モネ

シュ シュ ド モネ

Cafe　Goods　Bread　Sweet etc.

由布市
湯布院町

フランスの日常を体験しているような気分にさせてくれるカフェスペースの一角。壁に掛けられた額やノスタルジックな雰囲気漂う調度品にも注目を。

オトナ女子がハマる プチホテルのカフェ

湯布院の中心地にある女性専用プチホテル「ｃｈｏｕ ｃｈｏｕ ｄｅモネ」。飾りすぎないシンプルなレイアウト、女性スタッフの温かいおもてなしは、一人旅女子にも嬉しいポイント。1階は、カフェスペースとオーナーセレクトの雑貨コーナーを備え、ゆったりと構える応接セットの向こうには、季節を五感で感じられるテラス席もある。ワンちゃん連れもOKで、春先にはハーブが茂る楽園に様変わりするとか。

　ランチには、地野菜を使ったパスタや豆乳パンで作るサンドイッチの他、ガッツリ派に嬉しいとり天定食など、女性目線で考案されるメニューが充実。ティータイムには、日替りの特製ケーキやパンケーキを心ゆくまでどうぞ。金鱗湖までは徒歩3分。食後はのんびり散策を楽しみたい。

果肉がゴロッと入った、香り豊かな
バナナケーキ。コーヒーとセットで。

1

Menu	
ハニーバケットセット	700円
本日のケーキセット	800円
パンケーキセット	900円
とり天定食	1,200円

2

3

キュートなデザインが人気の「ジェシースティール」のマグカップ。

1 カラリと揚がった大分名物とり天をメインに、小鉢やサラダ、味噌汁が付いた大満足の定食。

2 毎日の生活をハッピーにしてくれる雑貨は、お気に入りを見つけたときが買いどき！

3 テラスで味わうスイーツは格別な美味しさ。プチパンケーキの上にはたっぷりの生クリーム♪

chou chou de モネ

☎ 0977-76-5443

- JR久大本線「由布院駅」から車で約6分
- 大分県由布市湯布院町川上1639-1
- 11:00〜17:00
- 11:00〜14:00（OS13:30）
- 店内23席、テラス12席
- 全席禁煙（テラス席のみ喫煙可）
- 不定休
- 6台
- CARD 不可

スタッフ 平田峰子さん、代表 工藤あずささん
女性ならではの視点で、精一杯おもてなしさせていただきます。

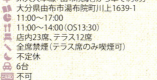

café la ruche

カフェ ラ リューシュ

Cafe　Goods　Bread　Sweet etc

由布市
湯布院町

きちんと素材を味わうモーニングや季節のランチ、自家製ケーキと由布院焙煎コーヒーでのティータイム、時々ワイン。どう過ごすかは、あなた次第。

滞在型カフェテラスで生まれる新たな巡り合い

フランス語で蜂の巣の意味を持つラ・リューシュは、パリ15区にある芸術家のコミューンの名前でもある。この地に惚れ移住してきた代表は、目の前に金鱗湖を望む最高のロケーションにふさわしいものを提供したいと、オープンテラスのカフェを中心に、作家の作品も扱う雑貨スペースと美術館を混在させた。

「湯布院のど真ん中にあるからこそ、丁寧なことをしたい」と、地元野菜をはじめ、牧場直送の牛乳や放し飼いで育った鶏の卵などを使い、季節の料理やスイーツを生み出す。また、音楽や食のイベントも積極的に行う他、モノづくりをする人たちとの交流も欠かさない。早速、色んなオーナーの顔が見えるコミュニティの場に素敵な「出会い」を見つけに出かけよう。

雑木を素材に手彫りする、湯布院の作家さん「木屋かみの」のクラフト品。

Menu & Item

キッチンウスダのスコーンセット　972円
プリンとシューアイスのプレート　864円
モーニングプレートセット　1,188円～
「木屋かみの」ジャムスプーン　1,718円

福岡の吉井町で古道具屋を営む関さんの針金アートと奥様のフェルト小物。

1 大分の山里で自家製天然酵母パンを作る「キッチンウスダ」のスコーンは、素朴な味わいが魅力。

2 開放感のあるオープンテラスで、四季折々に移ろう木々や草花を愛でながら、とっておきの時間を。

3 絶景ロケーションで頂く上質なモーニングプレートで、1日のエネルギーをしっかりチャージ。

café la ruche

0977-28-8500
JR久大本線「由布院駅」から車で約6分
大分県由布市湯布院町川上1592-1
9:00～17:30（OS17:00、日祝7:00～）
11:30～14:30（OS）
66席
全席禁煙（テラス席のみ喫煙可）
不定休
7台
CARD 各種可

スタッフ 藤本加奈子さん
いつ訪れても、料理や雑貨を通して色んな出会いが待っています。

Assorti

アソルティ

Cafe　Goods　Bread　Sweet etc

由布市
湯布院町

扉を開けてすぐ、色とりどり、形も様々なアンティークボタンがずらり。瓶に入れて飾るのも良いが、洋服やバッグ、帽子などのリメイクにも一役買ってくれる。

本質を教えてくれるエッセンシャルショップ

フランス語で「詰め合わせ」の意味を持つ店名が示す通り、小さな白い建物の中には、アンティークレースやボタン、フェアトレード製品やシュタイナーの教材、手作りのアクセサリーやオーガニックコットンの服など、ヨーロッパのアンティークや現行品を中心とする雑貨や小物がぎっしり詰まった夢のような空間が広がる。

「地に還る」をコンセプトに、扱うものだけでなく店まで人の手で作り上げたとか。壁や板を塗り、カウンターを作り、ドアにはステンドグラスをはめた。ふと目をやったメモに、店にある家具や照明、扉やディスプレイ小物は全て譲ることができる、と書かれていたことにも驚く。本当に大事なことは何か、きっとこの店が教えてくれるはず。

コーディネートのちょっとした
アクセントにぴったりの小物たち。

Item

アンティークボタン	190円～
奇跡のメダイ	1,944円
バラのネックレス	2,160円
ハンドメイド皮財布	9,500円

海外の作家さんによる本皮100%の財布。柔らかい質感が特徴。

1 手作りが好きな人にはたまらない、アンティークレースやリボン、リネン糸などの種類も豊富。

2 お手製カウンターの上で微笑むキューピットたちと目が合うと、何だか元気をもらえる。

3 カラフルなカゴバッグがぶら下がっている店の軒先や小瓶が並ぶ窓辺など、隅々まで要チェック!

Assorti

☎ 0977-84-3709
JR久大本線「由布院駅」から車で約6分
大分県由布市湯布院町川上1608
10:00～17:30(土・日曜、祝日9:00～)
不定休
なし
CARD 各種可

スタッフ 林博子さん
ワールドワイドな店内で、あなたのお気に入りを見つけてくださいね。

亀の井別荘　茶房　天井棧敷

カメノイベッソウ　サボウ　テンジョウサジキ

Cafe　Goods　Bread　Sweet etc.

由布市
湯布院町

店内奥の部屋は、大きな酒樽の底がテーブルとして大活躍。蓄音機を挟み立つ、イギリスメーカー「バイタボックス」の大型スピーカーから重厚な音色が流れる。

森の異空間に身を委ね 珈琲と音楽と本と果汁を

由布院盆地の麓に湧く金鱗湖。そのほとりに建つお宿「亀の井別荘」の敷地内には、江戸時代の造り酒屋の屋根裏を移築し改装したカフェが佇む。珈琲専門店第1号として42年の時を重ねてきた店内は、隅々までグレゴリオ聖歌の澄んだ歌声が溶け込むように流れ、壁には世界中のジャズやクラシックなどのLPレコードジャケットが飾られている。

当時は田園風景が広がる温泉地だったこの場所に辻馬車が走り出した頃、先代の社長が映画祭や音楽祭などを催し、今の湯布院のまちづくりの礎を築いたという。隠れキリシタンの墓地もあるこの地で、ほろ苦い深煎り珈琲や季節の果汁、スイーツとともに、時にはゆっくり湯布院の歴史に思いを巡らすのも良さそうだ。

辛子マスタードバターが効いた
全粒粉パンの鴨サンド。

Menu

モン・ユフ	514円
自家製ケーキ	各514円
天井桟敷ブレンド	617円
モーニングセット	1,543円

しっとりとした自家製のチーズケーキには、自家栽培のミントを添えて。

1 1927年から3年の間に製造された手動式の蓄音機。SPレコードだけでも8,000枚所有しているとか。

2 クリームチーズ＆ホイップの濃厚新食感スイーツ「モン・ユフ」は、冬の由布岳をイメージ。

3 たくさんの本が並ぶ上階の桟敷席へ、手動式のリフトでやり取りをする光景も見られる。

亀の井別荘 茶房 天井桟敷

0977-85-2866
JR久大本線「由布院駅」から車で約8分
大分県由布市湯布院町川上2633-1
9:00～18:00(火曜 ～16:00) ※19:00～Barタイム
なし
店内28席、テラス10席
全席禁煙(テラス席のみ喫煙可)
無休 ※年2回メンテナンス日あり
30台
不可

店長 **溝口茂さん**
豆の挽き方やお湯の温度にこだわった歴史ある珈琲を味わってください。

雑貨&喫茶　naYa

ザッカアンドキッサ ナヤ

Cafe　Goods　Bread　Sweet etc.

由布市
湯布院町

春先は店の周りの木々が茂り、森の中に佇む小屋のよう。独特の空気が流れる小さな空間は居心地が良すぎて、一人で2時間過ごすツワモノもいるとか。

時間を見つけては納屋にこもってブレイク

木立に囲まれた小さな店から漂う、コーヒーと甘い焼き菓子の香り。扉を開けると、物静かな店主がはにかみながら出迎えてくれる。大分県内の作家さんの作品を、もっと色んな人に知ってほしいと考えていた頃、人通りの少ない場所にあるこの建物に出会い、一目惚れ。元は喫茶店でカフェスペースもあったことから、前職の経験と、趣味のお菓子作りを生かすことにした。

カウンター背面には、テーブルウェアを中心とするクラフト品や、手作りアクセサリーが仲良く整列する。店主私物の古びた棚や、天気の良い日は快適なテラスも、店の雰囲気とぴったり。好きなタルトを選び、ゆったり進行するラジオに耳を傾けながら、褐色の波に飲み込まれるひとときを過ごしたい。

手にしっくりくる木工クラフト品。パスタフォーク1,944円、バタージャム皿1,512円など。

Menu

naブレンド	350円
ayaブレンド	350円
ホットジンジャーミルク	350円
なにかのタルト	525円

いくつあっても嬉しい手作りブローチ。胸元やバッグ、帽子のワンポイントにぴったり。

1 昔の駄菓子屋で使われていたお菓子入れは本棚に。店主お気に入りの本を持ち帰ることもできる。

2 ラズベリーの酸味とピスタチオの風味が溶け合うサックリタルト。その日のメニューは黒板で。

3 幼稚園のハシゴは飾り棚に活用。大分市在住の画家、北村直登氏の作品も扱う。ポストカード200円。

雑貨＆喫茶 naYa

0977-75-9760
JR久大本線「由布院駅」から車で約8分
大分県由布市湯布院町川上1774-2
9:00～17:00（OS16:30）
なし
8席
全席禁煙
金曜（祝日は営業）
2台
CARD 不可

店主 堤彩子さん
生活に寄り添うような雑貨をご用意してお待ちしております。

日本茶喫茶　茶 いほり

ニホンチャキッサ　チャ イオリ

Cafe　Goods　Bread　Sweet etc.

由布市
湯布院町

「最初の一杯で7割が決まる」と言われるすすり茶。お茶請けの琥珀餅は、アクで炊いたもち米を丁寧にアク抜きして作られる、わらび餅のようなモチモチ和菓子。

五感を使って自分流に庵で楽しむ「お茶遊び」

金鱗湖から歩くこと約5分、雑木林に囲まれた茶店が佇む。日本茶インストラクターの店主とアドバイザーの奥様美也子さん、娘の友美さん親子3人で切り盛りするこの店の名物は「すすり茶」。その昔、貴族や高僧が楽しんでいたというお茶の飲み方で、最高級伝統本玉露を使い、40度、60度、90度の3種の温度で順番に頂くもの。

良いお茶であればあるほど低い温度が美味しいそうで、まずは40度から。茶器の蓋を少しずらしてすすった途端、香ばしい出汁のような風味が口中に広がり、思わず「あっ」と声が出る。順に温度を上げてすすり、最後は完全に開いた茶葉に酢しょう油をかけ、お浸し感覚で食す。お茶を楽しむ時間を敢えて作ることの大切に気づかされる希少な場所。

美也子さんはちりめん細工も得意。
店内でちょこんと座る姿に癒される。

Menu	
すすり茶	1,400円
玉露冷茶セット	1,200円
いほりセット	950円
冷たいいほりセット	950円

豆皿いろいろ。飾るだけでもインテリアのアクセントに。全部欲しくなる。

1 5種ある茶器セットから好きな柄を選べるのも遊びのひとつ。常連さんには幻の6種目があるとか。

2 友美さん手作りのアクセサリーも人気。ブログも彼女の担当で湯布院の様子などをアップする。

3 店主のお手製「ししおどし」が風流な小庭。時に、真横を人力車が駆け抜けていくこともある。

日本茶喫茶　茶　いほり

0977-85-3075

JR久大本線「由布院駅」から車で約8分
大分県由布市湯布院町川上1719-3
3月〜11月　10:00〜17:00
12月〜2月　11:00〜16:00
なし
店内12席、テラス3席　全席禁煙
水曜
2台
CARD 不可

オーナー **竹下美也子**さん、**友美**さん**親子**
体験された方、それぞれの感覚でお茶の新たな魅力を見つけてください。

名苑と名水の宿 梅園 Café＆Bar えんじ

メイエントメイスイノヤド バイエン　カフェアンドバー エンジ

Cafe　Goods　Bread　Sweet etc

由布市
湯布院町

どの席に座っても、3枚ガラスの大スクリーンで四季折々の自然観賞を楽しみながら食事を楽しめる。夜はBARとしてムード漂う大人の空間に様変わり。

昼の顔と夜の顔、えんじ色に染まる休日

約一万坪もの敷地を持つ宿泊施設「梅園」の一角に佇むカフェ＆バーえんじ。春は梅や桜、夏は鮮やかな緑、秋は紅葉、そして冬は雪化粧と、季節によりその表情を変える約三千坪の広大な庭園を望みながら、ゆったりと地産地消ランチを楽しめる夢の隠れ家だ。

重厚な扉を開けると、眼前に広がるのはガラスのスクリーンを通した木立の大パノラマ。店内中央を横たわる、波をイメージしたグラスのオブジェとのコントラストとも相まって、まるで異空間に迷い込んだような非日常感を味わえる。お供にするのは、地元産の野菜や肉を使って丁寧に作られる体にもやさしい料理や、ヘルシーなオリジナルドリンクなど。いつもより上質な大人の休日を過ごせそう。

特産のカボスを効かせたノンアルコールカクテル「ゆふいんの風」1,080円。

Menu

焼きカレー(サラダ・スープ)	1,296円
久住黒豚カレー丼(温野菜のせ)	1,296円
久住黒豚と野菜のせいろ蒸し	1,944円
豊後牛と野菜のせいろ蒸し	3,024円

半熟卵とチーズが溶け合い、まろやかでコクのある味わいの焼きカレー。

1 素材の味が引き立つ九住黒豚と地元野菜のせいろ蒸しセット1,944円。岩塩またはポン酢で。

2 ざくろやベリーなど色んなフルーツと、黒酢をミックスしたヘルシーなドリンクも大人気♪

3 高級感あふれるエントランス。横に長い大きな引き戸を開けるとそこに現れるのは…。

名苑と名水の宿 梅園 Café＆Bar えんじ

0977-28-8288
JR久大本線「由布院駅」から車で約5分
大分県由布市湯布院町川上2106-2
11:00〜15:00(OS14:30)、
19:30〜23:00(OS22:30) ※Bar Time
11:00〜15:00(OS14:30)
店内19席、テラス席7席
全席禁煙(テラス席のみ喫煙可)
火曜(Barは無休)　100台
CARD 各種可(5,000円以上)

スタッフ 難波健児さん

庭園を散策しながら食べられるメニューも考えているのでお楽しみに。

アトリエとき

アトリエトキ

Cafe　Goods　Bread　Sweet etc.

由布市
湯布院町

スイーツ列車「或る列車」で採用されているランチボックス。収納できる3つの容器や、トレーにもなる蓋が機能的。こちらは展示品。

美しく、そして美味しく
シンプルな暮らしと器

　喧騒とは無縁の住宅街に佇む、木立に囲まれた工房兼ギャラリー「アトリエとき」。ギャラリー内は、木の椀や皿、カトラリーなど、生活に密着した木のクラフト品で埋め尽くされている。旅館のテーブルになるような大きなものから小さな小枝まで、60～70種を平等に無駄なく使う。

　安全で丈夫を基本に、使い勝手の良さ、品格を感じる美しい形、日常使いしやすい価格帯、湯布院らしさが表れたローカル感、そして、東京やロンドンでも売れるようなグローバルさなど、主に7つの基準で作られる器たち。機械の良いところも活用しつつ、仕上げは必ず手作業で行うからこそ、大量生産では生み出せない温もり、イキイキとした表情がそこには映し出される。

アクセサリーを置いても画になる、
木の葉型やハート型のお皿たち。

Item

お椀	2,485円〜
木皿	2,160円〜
トレー	3,240円〜
スプーン	860円

白樺の素材感を生かしたワインクーラーも置くだけでオシャレ!

1 使ってもらうことが大前提という器と、その上にのせる食べ物は、どちらも大事なW主人公。

2 コロンとした独特の丸みを持つ林檎のようじ入れ。細かい部分まで丁寧な磨きが出ている。

3 日田の中島工芸で作られているシンプルで使いやすい竹の箸325円〜。どの色にするか迷う。

アトリエとき

☎ 0977-84-5171
JR久大本線「由布院駅」から徒歩で約15分
大分県由布市湯布院町川上2666-1
9:00〜18:00(冬季は〜17:30)
無休
6台
CARD 各種可

代表 **時松辰夫**さん
色んな取り合わせを楽しみながら、
大事にかわいがってください。

カフェ 果林

カフェ カリン

Cafe　Goods　Bread　Sweet etc

阿蘇郡
南小国町

旬の野菜がたっぷりのった、幅20cmはありそうなカンパーニュのオープンサンドはサラダとスープ付きで850円。素朴な味わいの石窯パンが味の決め手。

森の中の小屋でパンとケーキの香りに包まれる

小さな煙突がちょこんと顔を覗かせるウッドベースの横長の建物。中に入れば石窯で焼かれたパンや、甘いケーキの香りがそこかしこに漂う。こちらは、昔ケーキ屋さんで働いていたというオーナーがスイーツを作り、弟さんが料理担当でパン職人という、姉弟二人三脚で営むカフェ。元は国道212号線沿いに構えていたが、オーナーたちのご両親が民宿を経営している広い敷地内に、約1年半に移転した。

広いガーデンスペースを持つ抜群の自然環境に囲まれたこの地は、無農薬で野菜や米を自家菜園でき、季節になれば栗や桃がなる。近所の朝採り市場や村の畑など、店の周辺も素材には事欠かない。天然酵母の石窯パンと自家製ランチ、ケーキに焼き菓子、これ以上望むものなし！

オーナー特製日替りケーキは、
プラス250円でドリンク付きにもなる。

Menu

石窯フレンチトースト	750円
シフォンケーキ	500円
有機林檎のアップルパイ	550円
小国ジャージースコーン	300円

2種のレザーをつなぎ合わせた独特のセンスが光る手作りコースター各500円。

1 テーブル席の他、小上がりスペースや、別棟に靴を脱いでくつろげる個室が2部屋ある。

2 小麦粉から起こした自然発酵種を使用し、薪の石窯でじっくり焼き上げたパンは、しっとり食感。

3 遠くに杉林を眺めながら思いっきり森林浴できる。目の前に流れる川のせせらぎも癒しのリズム。

カフェ　果林

☎ 0967-42-1608
南小国町役場から車で約7分
熊本県阿蘇郡南小国町中原4581
10:00～17:00（OS）
11:30～15:00（OS）
店内32席、テラス20席
全席禁煙（テラス席のみ喫煙可）
月・火曜（パンは水曜）
12台
CARD 不可

パン職人 河津徳一さん
数は少ないですが、知人の作家さんの手作りアイテムも扱っています。

茶菓房　林檎の樹

チャカボウ　リンゴノキ

Cafe　Goods　Bread　Sweet etc

阿蘇郡
南小国町

作るのに約1週間かかるという生地を何層にも重ね、三温糖で煮込んだ林檎を包んだ看板メニュー「あっぷるパイ」432円〜。サクサクとしっとりの絶妙なコラボ。

りんりん林檎の樹で食べる あっぷるパイに恋しそう

今年25周年を迎える南小国町の顔「林檎の樹」。釘を一本も使わずに建てられたという蔵造りの店内では、看板メニューのあっぷるパイをはじめ、林檎カレーや赤牛ハンバーガー、チーズケーキなど、実に多彩なメニューを提供している。

元々、観光農園を営んでいたが、ある日の台風で林檎が落ちてしまったという。タイミング良くアップルパイ職人に出会ったのをきっかけにカフェを営むことにした。その5年後からはパンも製造するようになった。すべてのメニューにおいて素材へのこだわりはもちろん、完成までにかける時間、季節によって変える手法など、その手間暇のかけ方こそ長く愛される証といえそう。

小国ジャージー牛乳パンにアルプス岩塩が効いた「塩バターロール」237円。

Menu

ロコモコ(スープ付)	1,242円
赤牛ハンバーガー(ドリンク付)	1,080円
あっぷるチーズケーキお紅茶セット	972円
スペシャル林檎カレー	1,080円

牛乳で練ったもちもち生地をクッキーで包んだ「究極のめろんぱん」216円〜。

1

3

2

1 お子様でも食べられるカレーに、卵とチーズでまろやかさとコクをプラス「特製焼きカレー」972円。

2 入口すぐのコーナーで、カフェにはない焼きたてパンや、あっぷるパイのテイクアウトもどうぞ。

3 庭造り、空間造りが好きな社長が手がけた店内は、天井が高く、開放的な空間が広がる。

茶菓房　林檎の樹

0967-42-0785

バス停「南小国町役場前」から徒歩約3分

熊本県阿蘇郡南小国町赤馬場137

10:00〜18:00(土・日曜、祝日〜19:00)

なし

50席

空間分煙(1F喫煙席、2F禁煙席)

火曜

20台

各種可

パン製造スタッフ　**佐藤雅士**さん

天然酵母で作るパンをぜひ味わってください。テイクアウトもOKです。

Tea room 茶のこ

ティールーム チャノコ

Cafe　Goods　Bread　Sweet etc

阿蘇郡
南小国町

気づけば店内の半分を占めているという、雑貨コーナーの先にカフェスペース。ご主人が杏仁豆腐やアイスクリームを作り、奥様がケーキやクッキーを焼く。

湧き水から生まれる 麗しの日本茶と杏仁豆腐

江戸時代から湧き出ている岩清水で煎れるドリンク、その水で作られるスイーツやランチ。「良いものを作り、それを食べてもらいたい」と話すオーナー夫婦は、二人とも20代の頃、茶道を学んでいた。九州各地の日本茶と出会う中で、八女産の星野抹茶や深蒸し冷茶、霧島産の無農薬ほうじ茶など、香り高くコク深い日本茶を中心にセレクトし、湧水で提供している。

お茶に合うのが、意外にも杏仁豆腐。美容にも良い杏の種の中の「仁」を砕き、こした粉末を香港から取り寄せ、小国ジャージー牛乳と合わせる。滑らかさの中に、少しツブツブが残る新食感で、甘みがスッと消えていくのが面白い。食前後には、質の良いアイテムが揃う奥様セレクトの雑貨コーナーも、ぜひ覗いてみて。

「カレルチャペック」の紅茶の種類も充実。
杏仁豆腐とセットでお土産に♪

Menu

お茶のこセット	918円
杏仁フルーツパフェ	918円
白玉しるここと棚田玄米茶	918円
若鶏の南蛮風ごはん	1,296円

置くだけで可愛い陶器のリングホルダーや、ビビットなルームシューズ。

1 渋みと甘みのコラボ「お茶のこセット」。マンゴーソースが効いた杏仁豆腐はテイクアウトもOK。

2 種から花を育てる長野県の八ヶ岳の花屋さんから届く、手作りのドライフラワー1,296円。

3 料理を作る姿を眺め、新聞を読み、椅子の上でまどろむ「ササキさん」が気まぐれに現れることも。

Tea room 茶のこ

0967-42-1512
バス停「南小国町役場前」から徒歩で約3分
熊本県阿蘇郡南小国町赤馬場101-1
11:00〜18:00（OS17:30）
なし
20席
全席禁煙
木曜（祝日は前日水曜）
8台
CARD 不可

オーナー 松崎さん夫妻
佐賀の三瀬山の湧き水で豆を洗い、焙煎されたコーヒーもオススメです。

Ciel
シエル

Cafe Goods Bread Sweet etc

阿蘇郡
南小国町

生チョコとバニラムースが程良く調和した「フォレノワール」410円は、大きくてジューシーなチェリーがアクセント。やわらかい口どけでスッと溶けていく。

丘の上のカフェに家族の夢が詰まっていた

国道442号線を黒川温泉街へ向かう途中、丘の上に大空に向かって存在をアピールするカフェがある。この場所で林業を営んでいた店長のお父さんが、せっかくの景観を生かしたいと、店を作ることを提案。ケーキ好きのお姉さんも応戦し、ケーキ屋をオープンしたのが10年前のこと。

地元の牛乳や卵を使ったケーキ、焼き菓子はもちろん、店長が試行錯誤を繰り返しながら編み出したというオリジナル色たっぷりのランチもオススメ。ロシアの人に学んだボルシチ、阿蘇の高冷地栽培の完熟トマトでソースを作る南フランスのパン「フーガス」、一番搾りのココナッツクリームで作るグリーンカレーなど、他ではなかなかお目にかかれないものを求めて、ちょっとその丘を上ってみよう。

カソナードのクッキーで焼き上げた
チーズケーキは、テイクアウト限定!

Menu

ボルシチ・プレート	1,450円
キッシュ・プレート	1,400円
めいぷるプリン	260円
タルトフロマージュ	1,580円

オリジナルのお菓子のおうち。一度は住みたい!と思った人も多いはず。

1 天気の良い日はテラスに出て、杉林が広がる山裾を望みながら爽やかな風を体中で浴びたい。

2 アーモンドクッキーやビターチョコクッキーなど、季節ごとに変わる焼き菓子も豊富。

3 栄養価の高い国産の赤ビーツがたっぷり入ったボルシチは、本場ロシア仕込みの味わい。

Ciel

☎ 0967-44-0205
- バス停「黒川温泉」から徒歩約5分
- 熊本県阿蘇郡南小国町満願寺7008
- 10:30〜17:00(土・日曜、祝日10:00〜17:30)
- 11:00〜15:00
- 店内28席、テラス4席
- 全席禁煙(テラス席のみ喫煙可)
- 木曜
- 8台
- CARD 不可

店長 徳田佐和美さん
季節のお菓子とこだわりのランチを、景観と一緒に堪能してください。

雑貨 来風

ザッカ ライフ

Cafe　Goods　Bread　Sweet etc

阿蘇郡
南小国町

その表情に脱力してしまう癒しキャラ「もりぞう」はコレクターも多く、遠方からわざわざ求めて来る方もいるとか。自然素材とも絶妙にマッチする。

素朴さの中に豊かさを見出すライフスタイル

黒川温泉街にある老舗雑貨店として22年、自宅のガレージを改装したという店内に入ってまず目に付くのは、四季折々の花や木の実があしらわれた置物やタペストリー。「この周辺には材料がふんだんにあるので」と語るオーナーによる手作りの品々だ。

地元作家の作品を中心に少しずつ扱うという小物は、素朴な絵柄の乙姫焼、夏は涼しく冬は暖かい大島紬の洋服、手描きして焼き付けた陶器のアクセサリー、小国杉を使った雑貨など、メイドインジャパンの良さを提唱してくれるものばかり。時には看板猫の「すずちゃん」がキョトンとした顔でお出迎えしてくれることも。温泉街を散策しながら立ち寄りたい。

乙姫焼は素朴さが最大の特徴。
愛くるしい豆皿や優しい色合いのカップ。

Item	
竹炭置物	300円〜
陶器の器	400円〜
小国杉の小物	500円〜
リース作り体験	800円〜

1 小国町名産の小国杉で造られた、様々な動物の切り抜き。無垢素材は手触りも良く、温もりを感じる。

2 小国杉のボールペンとシャーペン各2,000円。手にしっくりなじむ使い心地の良さも魅力。

3 迷い猫だっだという「すずちゃん」。人に慣れている大人しい女の子。気まぐれに現れる。

手作りの竹炭の置物にも、もちろん自然素材を使用。インテリアにも最適。

雑貨 来風

☎ 0967-44-0309
バス停「黒川」から徒歩約2分
熊本県阿蘇郡南小国町満願寺6713
8:30〜18:00
不定休
3台
CARD 各種可

オーナー **北里里恵子**さん
自然小物を使ったリース作り体験もできますのでお気軽にどうぞ。

そらいろのたね

ソライロノタネ

Cafe　Goods　**Bread**　**Sweet** etc

阿蘇郡
小国町

小国町でパンを焼き続けて今年で20年目。1年かけて建物全部を手作りしたという店内には、パンの他に焼き菓子やプリンなどを含め、毎日約25種のアイテムが並ぶ。

丘に生えたおうちは絵本の世界のパン屋さん

道の駅小国から車を走らせること10数分、ファームロードわいた沿いにぽつんと、ヒノキやケヤキに囲まれた小高い丘が現れる。その上にあるのは小さなおうち、小さなパン屋さん。建物はすべてオーナーによる手作りで、オープン当初は厨房が未完成だったため、松ぼっくりが店内に入ってくることもあったとか。

約10坪のこぢんまりした店内にずらり並ぶパン。牛乳は高村牧場から直送され、菊陽の「きらめきたまご」のみを使う。元々独学でパンを作っていたオーナー。機械で熱を加えず自然発酵させるので、その時の部屋の気温で発酵時間も作る量も変わってくるが、その方が「パンが落ち着いて美味しくなる」のだそう。パンも人と同じ、自然のまま、あるがままが大切なのだ。

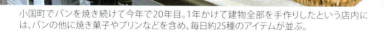

自家製ベーコンのパンに、
さっくりクロワッサン、どれも最高!

Menu

ジャージーミルクパン	90円
大きな食パン	290円〜
パルメザンローフ	230円〜
ベーコンパン	270円

しっとりしたチーズケーキ300円と「そらいろプリン」250円も人気。

1 四角の形のクリームパンは、不動の一番人気。奥様お手製のイラスト入りポップにも心が和む。

2 どれも美味しそうで迷う時は、中身も色々、値段も色々のパックを。その名も「いろいろ」。

3 店の前のテラス席で季節の風を感じながら、焼きたてのパンをほお張るのも気持ち良い。

そらいろのたね

0967-46-3666
- 「道の駅小国」から車で約13分
- 熊本県阿蘇郡小国町西里3223-20
- 10:00〜17:00(売切れ次第終了)
- なし
- テラス6席程度
- 全席禁煙
- 木曜、第1・3水曜
- 20台
- 不可

オーナー 佐藤寛さん、ゆみさん夫妻
種類は限られますが発送も行っていますので、お気軽にお尋ねください。

OSHIMAYA家具カフェ

オシマヤカグカフェ

Cafe　Goods　Bread　Sweet etc

阿蘇市
内牧

イチオシは小松菜、バナナ、パインなどで作られた「みどりのスムージー」。他にも、ブルーベリーやみかんを使ったものや、季節限定のものも登場する。

生産者の想いを一杯に ギュッと閉じ込めて

阿蘇は言わずと知れた農業王国。大自然の恵みと作り手の愛をいっぱいに浴びて育つ野菜や果物をたくさんの方に気軽に食べてもらおうと、店長の古田さんは3年前にジュニア野菜ソムリエの資格を取得。そして、10年以上続く家具店「おしま屋」の隣でカフェをスタートさせた。

スムージーは1年かけて研究し、試飲だけでも５００杯近く出したとか。今でも店内には、グラスを手に笑顔をふりまく人たちの写真が飾られている。美味しいのはスムージーだけじゃない。阿蘇の素材で作る無添加アイスや、それに合うふわふわのオリジナルパンも一度食べるとヤミツキになる。それらを引き立てるのは、もちろん隣で扱う器たち。内牧に来たら必ず寄りたいスポット、再発見。

自宅ではこんなポップなティーポット
とカップでティータイムを♪

Menu

スムージー	各450円
阿蘇天然アイス・パン付	580円
ドリンクセット	600円
アイスセット	700円

紫いもと天然酵母で作った「天使の
パン」。焼きたてはアイスと好相性。

1 店内に飾られた生産者さんたちの紹介パネル。阿蘇中央高校の生徒は、何とバナナを育てている。

2 普段使いできる器や洋服、小物など、和を中心に豊富な品揃えを誇るコーナーにもお立ち寄りを。

3 子どもに安心して食べさせられると評判の「阿蘇天然アイス」は、3種まで同額でOK!

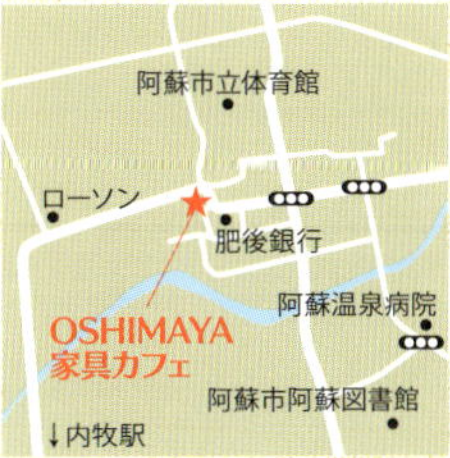

OSHIMAYA家具カフェ

☎ 0967-32-0041

- JR豊肥本線「内牧駅」から車で約8分
- 熊本県阿蘇市内牧365
- 10:00〜17:00(OS)
- なし
- 20席
- 全席禁煙
- 水曜
- 2台
- CARD なし

店長 **古田ゆかり**さん
素材を通して阿蘇をもっと身近に感じていただけると嬉しいです。

阿蘇小町CAFE

アソコマチカフェ

Cafe　Goods　Bread　Sweet etc

阿蘇市
乙姫

肉＆魚料理のメインにパンやサラダなどがついた日替わりメニュー。+300円でスープやデザート、ドリンクなどのビュッフェも一緒に楽しもう!

雄大な阿蘇の自然と緑に囲まれたお洒落カフェ

国道57号線を熊本市から阿蘇方面へ進むと右手に白い看板と赤い店名が一際目立つお洒落なカフェがある。ここは阿蘇の新鮮食材をたっぷり使用した食事が楽しめるカフェ。肥後赤牛のハヤシライスやハンバーグ、阿蘇高菜のオムライスなどご当地メニューからカフェメニューまで種類も豊富で、女性に嬉しいビュッフェスタイルを取り入れている。

少しの時間でもゆっくり過ごして欲しいとテーブル同士のスペースを広くし、大きな窓からは優しい光が差し込む空間となっており、テラスでは愛犬もOKと配慮も嬉しい。阿蘇の澄み切った空気の中、ドライブや女子旅の合間に、素敵なディナーを楽しむ、そんなシーンに合わせた小町時間を過ごして欲しい。

阿蘇小町のケーキ450円、阿蘇赤牛ハヤシレトルト650円、ラテ580円(クッキー付)。

1

Menu

シェフお任せスペシャル(ランチ)	1,880円
阿蘇小町フルコース(ディナー)	3,800円
赤牛のステーキ丼(ビュッフェ付)	2,350円
阿蘇小町のケーキ	450円

3

2

見てるだけでも可愛らしいアニマル柄やハート、蓋付お鍋カップ380円〜。

1 木を基調とした店内は、光が差し込む広い窓に斜めの天井、イタリア製のタイル床が特長。

2 特製ハーブブレンドティー500円。自宅でも楽しめるようにテイクアウト用もご用意。

3 お天気の日はテラスに出よう!ワンちゃんもOKなので、愛犬とともに過ごすも良し!

阿蘇小町CAFE

0967-32-4128
JR豊肥本線「内牧駅」から車で約4分
熊本県阿蘇市乙姫2006-2
11:00〜22:00
11:00〜15:00
店内30席、テラス8席
全席禁煙
無休
30台
CARD 不可

シェフ **永山勉**さん
阿蘇の綺麗な空気の中、変わりゆく季節感と食事を楽しんで下さい。

産庵
ウブアン

Cafe　Goods　Bread　Sweet etc

阿蘇市
一の宮町

13種の漬物とのっぺ汁、あったかおにぎりがセットになった「おにぎりランチ」。この内容でなんと500円！限定20食なので早い時間に行くのがオススメ。

水が湧く産の平で
産神に守られ産まれた庵

阿蘇一の宮でも有数の水処、坂梨。産の平と呼ばれる滝室坂のふもとには、老舗漬物屋「志賀食品」の直営店「産庵」が佇む。ここは、お産の神様が居る場所であり、水が産まれる場所であり、そして昭和37年頃に「阿蘇たかな漬」が生まれた場所でもある。湧水で打つのど越しの良い二八蕎麦、歴史の深い特製漬物とともに頂くおにぎりなどの食事の他に、季節の漬物やオリジナル健康茶、陶器や小物などのキッチン雑貨の買い物も楽しめる。

店舗の横には湧水の小川が流れ、ぐるり散策ができるようになっている。安産の神様がまつられている産（うぶ）神社も目の前に。食後は参拝を兼ねて、季節の花を愛で、美しい水の音を聞き、心地良い風を浴びながら、ゆっくり過ごすひとときを。

ホカホカご飯と混ぜるだけ！パッケージも斬新な「おにぎりたかな」432円。

Menu

くるみそば	1,000円
天ぷらそば	1,400円
鴨セイロ	1,500円
けんちんセイロ	1,000円

熊本の作家さんによる陶器類も豊富。手作りの温かみが伝わってくる。

1 石を積み上げた柱に一枚板をのせた特等席で、クレソンが自生する湧水の庭の景観を満喫できる。

2 水が良いと蕎麦の美味しさも引き立つ。するするっと入る板そば並は、ざるそば2枚分で1,500円。

3 店で販売する漬物はどれも試食OK！一つずつ味を確かめながら、お気に入りを見つけよう。

産庵

0967-22-0515

JR豊肥本線「宮地駅」から車で約3分

熊本県阿蘇市一の宮町坂梨1435-1

9:00〜18:00

11:00〜16:00

30席

全席禁煙

火曜、他月2回不定休

約30台（大型バス可）

CARD 不可

常務 村上小百合さん

開放的で心地良い景観と水の良さを体感しにいらしてください。

etu

エツ

Cafe Goods Bread Sweet etc

阿蘇市
一の宮町

昭和初期のデパートの屋上で人気者だった馬の乗り物が、大分の絵本作家「キャビンカンパニー」の手でかわいくペイントされ、今でも現役で大活躍している。

水が生まれる町で昭和にタイムスリップ

水基巡りの道として知られる門前町商店街をぶらぶら歩いていると、程なくしてカラフルな馬の乗り物と目が合う。引き戸の向こうには、昔からおばあちゃんの家にあるようなものが好きというオーナーが、コツコツ集めた金物や置物、器やファッション小物など、昭和レトロ好きが悲鳴を上げそうな小道具や古雑貨たちが行儀良く整列している。

9年前から旧女学校跡地で親しまれてきた「etu」が、元は油屋だった築70年ほどの古民家を改装して移転、2年が経った。最近は、日本の郷土玩具や染付の豆皿なども扱っている。ちょっとしたカフェスペースでは、御船町の人気カフェ「しましまの木」のお菓子も食べられる。商店街の雰囲気にマッチした、色んな意味で丁度良い立ち寄りスポット。

表情と色使いがレトロでキュートな
鳥さんのピンバッチは各500円。

1 箸置きやぐい呑み、置物や小瓶など、小さなモノたちが一堂に会し、懐かしい空気を漂わせる。

2 色んな方向にリズミカルに開閉するポップな窓。昔の教会や銀行で使われていたものを利用している。

3 店の外には古びた青いランドセルがかかっていて、ポスト代わりになっている。ナイスセンス!

Menu & Item

馬の乗り物	1回100円
豆皿	130円～
カゴ	900円～
コーヒー	400円

毎日のコーヒータイムがもっと楽しくなる、フランス製の青いケトル5,700円。

etu

090-3665-8290
JR豊肥本線「宮地駅」から車で約8分
熊本県阿蘇市一の宮町宮地1859
(門前町商店街沿い)
11:00～18:00
なし
2席
喫煙可
水・木曜
なし　CARD 各種可

店主 **橋本美樹**さん
阿蘇神社へお越しの際には是非お立ち寄り下さい。

森本金物店

モリモトカナモノテン

Cafe　**Goods**　Bread　Sweet etc.

阿蘇市
一の宮町

道沿いに一際目立つ店先は、町全体を活気づけてくれる圧巻の眺め。あれこれ探す楽しさプラス、いつも元気な店主との会話も時を忘れさせてくれる。

世代を超えて愛される老舗金物店で、お宝探し

店の軒先にぶら下がるバケツやタライ、その先にちらりと見えるレトロポップなグラスの山。こちらは、阿蘇神社から門前町商店街を抜けた先の右にある、明治35年創業の金物店。商店街の町おこしのタイミングに合わせて、7年前からレトロ雑貨も扱うようになった。

店内には、弁当箱や鍋などのアルミ製品やホーロー製品の他、アニメ食器や給食袋など、昔懐かしい生活雑貨がびっしりと並ぶ。種類豊富な上、未使用品、安心で丈夫な日本製、何より老舗金物店ならではの良心的な価格が魅力とあって、少しずつリピーターも増え、県外からもネット注文が入る。若者には新鮮に映り、世代の人たちには懐かしさの宝庫。レアものも隠れているかも、宝探し気分で出かけよう。

カラフルな保存容器やホーロー両手鍋は、
昭和レトロ雑貨の代表選手!

Item

アルミ給食食器	400円～
リズムトレイ	1,200円
アニメ給食袋	1,500円
キャンディポット	2,980円

絵柄やフォルムに逆に新しさを感じる水差し5,980円、コップ540円。

1 「おばあちゃんちで見たことある」ようなレトロポップな柄は、今だからこそ可愛く見える。

2 懐かしくてキュートなキャラクターたちのご飯茶わんや味噌汁茶わん。種類も豊富で各630円。

3 天井からいくつもアルミ鍋やカゴがぶら下がっているのは、他では見られない不思議な光景。

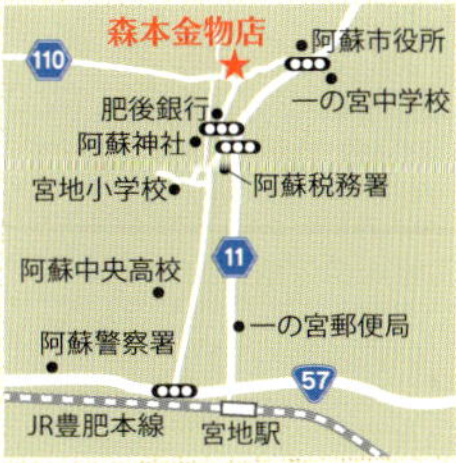

森本金物店

☎ 0967-22-0155
JR豊肥本線「宮地駅」から車で約8分
熊本県阿蘇市一の宮町宮地167
9:00～19:00
不定休
3台
CARD 不可

店主 **森本秀二さん、幸代さん夫妻**
丈夫で優れた日本製の家庭金物は生活に彩りを与えてくれますよ。

Tien Tien
ティアン ティアン

Cafe　Goods　Bread　Sweet etc

阿蘇市
一の宮町

趣のある店内は周囲の景観との一体化にも成功。普段は良く泣く赤ちゃんが、ここでは落ち着いているとか。天気の良い日はテラス席もオススメ。

あるがまま、そのままの プティ・パリの世界

所々ペンキがはがれた壁、破れた椅子、錆びのある食器、ここではそれが味。旧女学校跡の講堂をカフェへとよみがえらせた店内は、当時の面影とフランス文化が混じり合う、またとない空間だ。1960年代にフランスで流行した家具ブランドのテーブルの色は、爽やかなミントグリーン。「食べ物を綺麗に見せる色は万国共通」と語るオーナーは、フランス在住経験を持つ。

病気を機に自然の有難みに目を向け、昔からあった夢を叶えようとしていた頃、色んなグッドタイミングと重なり、自然と今の姿に落ち着いた。良質な野菜をたっぷりと摂れるメニューの他、卵やバターを使わないタルトや京都のコーヒーなど、体が喜ぶ食べ物を、自分へのご褒美にしたい。

体への負担が少ないてんさい糖で
カラメリゼしたクレームブリュレ。

Menu

カフェオレ	594円
クレームブリュレ	648円
フルーツのタルト	648円
カボチャのチーズケーキ	648円

1 スープ・コーヒーが付く「お野菜のスペシャルプレート」1,620円。＋162円でデザートもOK。

2 昭和10年の旧女学校卒業式の写真。写真下段中央には、当時の校長、神山エツさんの姿も。

3 女学校で実際に使われていたテーブルセット。ほころびさえも味わい深く見えるから不思議。

フランス伝統技法のルネヴィル刺繍ブローチを扱うのは九州ではココだけ。

Tien Tien

080-6406-8133
JR豊肥本線「宮地駅」から車で約8分
熊本県阿蘇市一の宮町宮地3204（旧女学校跡）
11:00～18:00
なし
店内30席、テラス8席
全席禁煙（テラス席のみ喫煙可）
水・木曜（祝日はオープン）
20台
各種可

スタッフ 下城布希子さん
フランス音楽が流れる店内で、思い思いにゆっくり過ごしてください。

湧水かんざらしの店　結

ユウスイカンザラシノミセ ユイ

Cafe　Goods　Bread　Sweet etc.

阿蘇市
一の宮町

手作りの白玉とクレソン団子の湧水かんざらし。きな粉に黒みつ、または白みつで頂く。箸休めにはクレソンのお浸しを。クセがなくさっぱりした味わい。

水を軸に、都市と地方と人と人との強い結びつき

ここは、春夏秋冬いつ訪れてもサラサラとリズム良く流れる水の音が聞こえ、あちこちでポコポコと湧き出る水の姿を見ることができる癒しの里。「水と古い建物が好き」と語る店主の木下さんは、都会と地方の結びつきになればと、10年ほど前に水の豊かな旧女学校跡を購入し、店を構えた。

建物内に湧水を引き込んだ店舗では「かんざらし」や「そうめん流し」など、水を生かしたメニューが振る舞われる。敷地内の湧水路や池にはクレソンが自生し、団子やお浸しとして登場する。

目の前の木造校舎では、個性的な雑貨店やカフェ、4店舗が軒を連ねる。そこでは、店名に込められたもう一つの意味、共同体の絆があり、まとまりのある風景が広がっている。

本格的な骨董から手頃なグラスなど
種類も豊富。休憩の合間に物色。

Menu

かんざらし（白・黒）	各500円
そうめん流し	700円
阿蘇あか牛にゅうめん	700円
クレソンパスタとそうめん	各500円

春先の新芽だけを摘み、湧き水と併せたクレソンパスタとそうめん。

1 夏はそうめん流し、冬はあか牛にゅうめん。軽くゆがいたクレソンのシャキシャキ感も楽しんで。

2 片側は間仕切りがなく、ダイレクトに外の景色を眺め、水のせせらぎを聞きながらゆっくりできる。

3 ご当地サイダーは、店内に通した湧水でキンキンに冷やされ、いつでも飲みごろになっている。

湧水かんざらしの店　結

0967-22-5488

JR豊肥本線「宮地駅」から車で約8分
熊本県阿蘇市一の宮町宮地3204（旧女学校跡）
10:00〜18:00
なし
約30席
喫煙可
水曜（祝日の場合は翌木曜）
30台
CARD 不可

店主 木下英夫さん、菊子さん夫妻
水を利用した遊びゴコロいっぱいの店でリフレッシュしてください。

阿蘇市
一の宮町

TOMMY'S ANTIQUES & STAINED GLASS

トミーズ　アンティークアンドステンドグラス

Cafe　**Goods**　Bread　Sweet etc

ステンドグラスはオーダーメイドも受け付けている。自宅の窓サイズに合わせて加工ができるため、大がかりな工事も必要ないとか。気軽に取り入れたい。

キラキラと降り注ぐ神聖な光のシャワー

旧女学校跡の木造校舎の窓から、ステンドグラスを通してやわらかい陽光が差し込む。その色とりどりの世界に佇むと、しばし時が経つのを忘れそうだ。こちらの代表は、震災を機に自然豊かな場所で安心して子育てしたいと、5年前に千葉から移住し、昨年の4月から工房兼店舗を構えた。

　独学で作っていた頃、ボストンに出向いた際に偶然目にしたステンドグラス屋の求人募集に飛びつき、翌日から働き始めたという。ボストンは、ピューリタンたちが建てたレンガの建物が多く残る古い町。そこでアンティークステンドグラスの修復の仕事を主に学んだ。今でも500年前から続く伝統技法を使う。九州で唯一の専門店として全国にその名が広がるのも、そう遠い話ではなさそうだ。

様々な形のイギリス製計量カップ。部屋に飾るだけで雰囲気が出る。

Item

ステンドグラス小	3,000円〜
キャンドル立て	3,200円
アンティークボトル	4,600円〜
体験教室	一人4,000円

粉や砂糖入れとして使われていたボトル。いくつか並べるとかわいさもアップ。

1 体験教室もあり。好きなガラスを4種選び、ガラスをカットして組み立て、木枠に入れて完成。

2 アンティーク家具や雑貨も扱う。イギリスへ買い付けに行く際はコンテナ船がいっぱいになるとか。

3 窓だけでなく、扉やランプなどあらゆるものに取り入れられるのもステンドグラスの良さ。

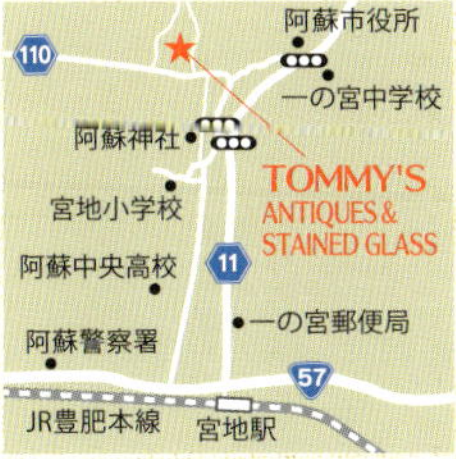

TOMMY'S ANTIQUES & STAINED GLASS

☎ 090-7817-3105
JR豊肥本線「宮地駅」から車で約8分
熊本県阿蘇市一の宮町宮地3204（旧女学校跡）
10:00〜17:00
水・木曜
20台
CARD 各種可

代表／ステンドグラス作家 **富澤礼司さん**
アンティークステンドグラスの魅力を多くの方にお伝えしたいです。

北風商店

キタカゼショウテン

Cafe　Goods　Bread　Sweet etc

阿蘇市
一の宮町

熊本はもとより、県外各地でも作品展を開催したり、二人の作品を扱う店も多い。「日常あるある」が描かれたキャラクターは、今後も少しずつ増えていく予定。

描く、彫る、彩る すべてふたりでひとつ

こぢんまりした空間に、バラエティー豊かな小物がひしめく。ふと目の前の消しゴムハンコに目をやると、無表情の熊が右手を挙げて一言「私、やります」。思わずふっと頬が緩むイラストと文を描くのは、イラストレーターでもある市原オーナー。ささっと描いてるように見えて、実は時間がかかっているというのがミソという落書きから始まったイラストが、ハンコになり、手ぬぐいやポストカードなど、様々なものが生まれていった。

オーナーの奥様もアーティストで、担当は主に木彫りの人形。木を大まかにカットした後、彫刻刀などで丁寧に手彫りされる。作品を一目見れば、二人のユニット名「キタカゼパンチ」のように、ショックで頬が赤く染まるかも。

長崎の作家さんによる、温かみある
風合いのフェルト小物も扱う。

Item

ハンコ	800円〜
木彫り	4,000円〜
メッセージカード	各250円
名前ハンコ	2,800円(送料別)

かわいさの中にちょっとシュールが混じるのが、二人の作風の特徴。

1 あなたの名前でハンコを作ってもらうこともできる。4人の持ち手から好きな子を選んでオーダー。

2 レジ横には好きなハンコを押してメッセージカードを作れるコーナーあり。テンションも上がる。

3 目指すは、旧女学校跡の一番奥の小さな店。テラスでは大きな猫が出迎えてくれる。

北風商店

☎ 0967-22-7544
JR豊肥本線「宮地駅」から車で約0分
熊本県阿蘇市一の宮町宮地3204
(旧女学校跡)
11:00〜18:00
水・木曜
20台
CARD 各種可

オーナー/イラストレーター **市原辰昭**さん
特に必要ないけどあったら楽しいもの、も時にあっていいと思うんです。

Little eagle & AOtsuki

リトルイーグル アンド アオツキ

Cafe　Goods　Bread　Sweet etc.

阿蘇市
一の宮町

店内中央には、大分の梁塵窯「門馬進」さんの作品が並ぶ。深みのある青が印象的。窓辺では「Rain bows Works」のサンキャッチャーがやわらかい光を放つ。

深い色、クリアな色、めくるめく青の世界

店内奥半分にはオーガニックコットンやウール、麻などの自然素材を使った着心地の良い洋服が並び、手前半分では、オーガニック食品や作家さんのアクセサリー、陶器などを扱う。これまで全国で委託販売をしていたが、関東から移住し、昨年4月に初めての店舗を阿蘇の旧女学校跡にオープンした。オーナーのパートナーが大工さんのため、飾り棚やテーブルは、すべて彼のお手製によるものだとか。

県内外の作家さんたちとの交流も深いオーナー自身も作り手のひとり。玉名のガラス作家さんとのコラボで作ったピアスが耳元で揺れ、同じものが二つとないヘアゴムのメノウが青い光を放つ。とっておきの日にしたい時のラッキーカラーは、青でキマリ!?

月の満ち欠けとイーグルのソックスは
かかとがないので誰でも履ける♪

Item

メノウのヘアゴム	2,300円～
月の満ち欠けソックス	2,700円
陶器の箸置き	500円～
草木染めストール	22,680円

オーナーが作るメノウのヘアゴム。
青以外の色もあり、全て表情が違う。

1 無農薬ほうじ茶や雑穀、フェアトレードチョコに調味料などが揃うオーガニック食品にも注目。

2 ウール100%の薄手ニット。3シーズン着られて重宝するアイテムの1つ。カラーもgood。

3 この店の名前を象徴する、月の満ち欠けと小さなイーグルがプリントされたオリジナル手ぬぐい。

Little eagle & AOtsuki

080-6777-3358
JR豊肥本線「宮地駅」から車で約8分
熊本県阿蘇市一の宮町宮地3204
(旧女学校跡)
10:00～17:00
水・木曜 ※不定休あり
20台
各種可

オーナー 澤畑樹さん
色んな方が、地場産の良さを見直すきっかけになる店でいたいです。

珈琲と紅茶 瑞季

コーヒートコウチャ　ミズキ

Cafe　Goods　Bread　Sweet etc

阿蘇市
一の宮町

ベルギーチョコを使用したガトーショコラなど、手作りスイーツは日替わりで数種類ご用意。
最高級のコンテスト入賞豆など品質にこだわる珈琲をサーバーで。

森の中で心地よい風が奏でる最高級のティータイム

阿蘇の静かな森のリゾート地の一角に優雅なひと時を楽しめる大人カフェが佇む。ここはオーナー夫妻が温泉旅行の際に吸い込まれるかのように一目惚れした別荘地で、神戸から移住し開店させた。阿蘇には「水基」と呼ばれる湧水スポットが点在し、敷地内にはミズキの木がそびえ立つ事から「瑞季」と命名。「閑静な別荘地の隠れ家でゆっくりと過ごして欲しい」と店内は優しいグリーンと太陽の光が差し込む穏やかな空間が広がる。

珈琲や紅茶は日本でも珍しい希少な物が揃い、紅茶ソムリエ資格を持つ明子さんのアドバイスを聞きながらチョイスしていただくのも良い。カップソーサーも女子心くすぐるお洒落な物が多く、ちょっぴりセレブな気分でプチ贅沢時間を過ごそう。

ハーフサイズ3種類のペアスイーツセット650円。
スペシャルティコーヒー600円〜。

Menu

阿蘇あか牛カレー(ミニサラダ付)	800円
スイーツ	350円〜
サンドイッチ	500円〜
トースト	300円〜

しっぽを振って出迎えてくれる看板娘の柴犬あやちゃん!

1 家に居るようなくつろげる店内は明るく清潔感溢れる空間。明るいご夫婦とのおしゃべりも◎。

2 赤ワインでじっくり煮込んだ阿蘇あか牛カレー。地元のつじ農園産の野菜サラダもお薦め。

3 サクふわでほんのり甘いスコーン。クロテッドクリームとブルガリアローズジャムとともに。

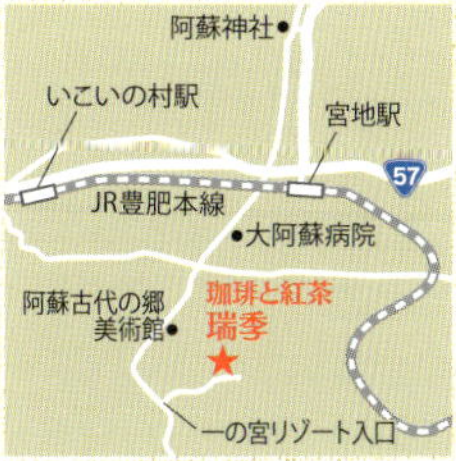

珈琲と紅茶　瑞季

0967-22-0505
JR豊肥本線「宮地駅」から車で約10分
熊本県阿蘇市一の宮町宮地5977-73
(ロイヤルシティ阿蘇一の宮リゾート内)
11:00〜17:00
なし
17席
全席禁煙
木曜(祝日の場合は翌日)
4台　CARD 不可

オーナー 林寛さん、明子さん夫妻
阿蘇の美味しい水で淹れた珈琲と紅茶をじっくり味わって下さい。

ヒバリカフェ

ヒバリカフェ

Cafe　Goods　Bread　Sweet etc

阿蘇市
一の宮町

目の前に広がる大自然は、お金では買えない贅沢な眺望。天気の良い日は阿蘇五岳を望むこともでき、より雄大さを感じられること間違いなし。

大自然に抱かれながら手造りドッグでホッと一息

阿蘇神社界隈の門前町商店街から少し離れると、途端に広がるのどかな田園風景。そこにひょこっと現れるのが、２０１６年４月で丸６年を迎えるヒバリカフェだ。併設のひばり工房で手造りするソーセージやベーコンを使ったホットドッグが看板メニュー。味の決め手は、良質な豚肉とその味を引き立てるオリジナルブレンドのスパイス、そして地元阿蘇の湧水と天然塩。一緒に挟むトマトやレタスもなるべく地元産のものを。

扱うスイーツは地元のお店から取り寄せ、週末のみ「パン工房豆の木」のアップルパイが登場する。また、敷地内には店主の遊びゴコロが詰まったヒバリガレージも同居。野原に春を告げるヒバリの気持ちになって、止まり木でひと休みとシャレこもう。

オリジナルマグの販売もあり。
「ニシガワラマグ」小1,400円、大1,800円。

1

Menu	
ヒバリドッグ	490円
バジルドッグ	420円
ベーコンチーズドッグ	460円
フレンチプレスコーヒー	500円

3

2

小物も少々。近所のおばあちゃんが編み物、その孫がアクセサリー担当。

1 阿蘇ジャージー牛乳を使い、まろやかな味わいに仕上げたカフェオレ400円。ナガタ紅茶もあり。

2 カフェへと続くアプローチ。小さな木立をくぐり抜けた先に壮大な眺望が広がっている。

3 思いっきり自然を感じたいなら、テラスへどうぞ。風が駆け抜けていく特等席は早い者勝ち!

ヒバリカフェ

☎ 0967-22-1894

JR豊肥本線「宮地駅」から車で約10分

熊本県阿蘇市一の宮町中通640-1

11:00〜17:00

なし

店内18席、テラス2席

全席禁煙(テラス席のみ喫煙可)

火曜 ※不定休あり

8台

CARD 不可 ※ひばり工房は各種可

店長 池田志保さん

ゆったりとした時間が流れる場所へ、一息つきにいらっしゃいませんか。

エルパティオ Diner

エルパティオ ダイナー

Cafe　Goods　Bread　Sweet etc

阿蘇市
一の宮町

ビーフ100%ハンバーグのパテやチーズ、自家製の薫製ベーコン、牛ロースト肉を挟んだボリューム満点のハンバーガー3種類、1,000円～。

どこまでも続く青い空と お山を眺めて過ごす幸せ

阿蘇五岳や九重連山、祖母傾連山など雄大な山並みが360度に広がるロケーション抜群の牧場が提供するダイナー。春から夏は新緑が広がり、秋は黄金色の山々、冬は真っ白な銀世界が見られる大自然に囲まれた中、本格派のアメリカンメニューが楽しめる。地元の野菜や赤牛のハンバーグ、自家製のベーコンを使用したハンバーガーや阿蘇の溶岩プレートで焼くBBQなど阿蘇ならではのメニューが揃う。

店内はアメリカ西部をイメージした空間とBBQエリア、馬を眺めながら大自然を肌で体感できるオープンテラス席をご用意。初心者でも安心して出来る乗馬体験や宿泊施設も完備されており、夜にはプラネタリウムのような満点の星空を眺めて過ごす、非日常的な体験を味わってみて。

ホースヘアーストラップ(左)1,300円〜、
ぬいぐるみ(右)1,296円。

Menu & Item

ビーフカレー	1,000円〜
ビーフライス	1,200円
乗馬体験(20分〜)	4,000円〜
宿泊(1泊2食付)	7,500円〜

馬油シリーズ(右上)600円〜、エコ素材のドンゴロスバッグ(下)2,000円〜。

1 約30万坪ある大草原の中、乗馬を楽しもう。野うさぎやきつね、アナグマに出逢えるかも!

2 大きなパンの中に煮込み豆と肉が入ったスパイシーなカウボーイ料理のチリコンカン1,000円。

3 天気の良い日は澄み渡る空気の中、馬やワンちゃんの姿を見ながらテラス席でのんびりと。

エルパティオ Diner

0967-22-3861
JR豊肥本線「宮地駅」から車で約16分
熊本県阿蘇市一の宮町三野2305-1
(やまなみハイウェイ沿い)
9:00〜16:30
10:00〜15:00(OS14:30)
店内50席、テラス23席
全席禁煙(テラス席のみ喫煙可)
無休　※不定休あり
30台　CARD 各種可

シェフ 有住嘉人さん
阿蘇の雄大なロケーションを体感しに遊びに来て下さい。

Vege Bliss

ベジブリス

Cafe　Goods　Bread　Sweet etc.

阿蘇市
永草

ネパールの代表的な家庭料理ダルバート1,000円。ダル（豆スープ）やタルカリ（おかず）に合わせるバート（米）は、菊池の自然栽培米「ヒノヒカリ」。

体は正直、だからこそ何を食べるか、を考える

豊後街道沿いに建つ大きなログハウス。こちらは、ベジタリアンはもちろん、卵も牛乳も食べないビーガンも必見のカフェ。阿蘇を中心に県内各地の契約農家から仕入れる有機栽培、自然栽培の野菜や果物、米の他、海外のオーガニック食品を使ってダルバートやパスタを提供する。

サラリーマン時代に体調を崩したオーナーが、15年前にマクロビオティックと出会い、食べるもので体が元気になることを体感した。それをたくさんの人に伝えたいと、調理師免許を取得。今では和洋中エスニック、なんでもござれの万能シェフだ。パティシエである奥様もベジタリアン歴7年。彼女が作るマクロビスイーツは、ほっこりやさしい味がする。体を食から変えることを考えてみるきっかけになる。

米のパスタ麺など、ドイツやアメリカのオーガニック製品の購入もできる。

Menu

本日のパスタ	800円～
ランチセット	1,000円～
本日のケーキ	350円～
オーガニックコーヒー	400円

しっとりとした餡に包まれた焼き菓子「月餅」も、もちろん手作りで250円。

1 地産地消、安心安全にこだわり、玉ねぎや人参などその日手に入る野菜の種類も形もさまざま。

2 左から阿蘇無農薬ほうれん草のベジロールケーキ、季節のタルト、オーガニックガトーショコラ。

3 小さなお子様連れにも嬉しい小上がりのスペースを完備。靴を脱いでゆっくりくつろげる。

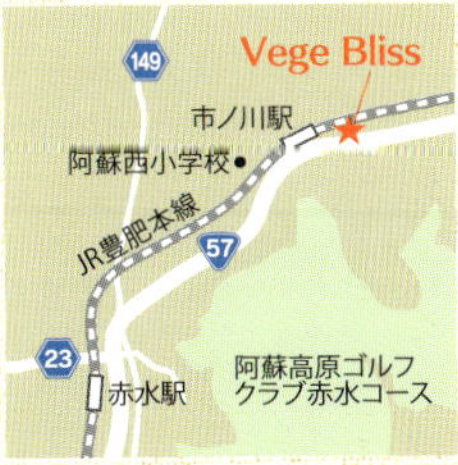

Vege Bliss

050-3797-9872
JR豊肥本線「市ノ川駅」から徒歩約3分
熊本県阿蘇市永草1594-2
12:00～17:00（OS）
12:00～15:00（OS）
店内18席、テラス6席
全席禁煙（テラス席のみ喫煙可）
火・水・木曜
8台
CARD 不可

オーナー **福井浩**さん、**立野愛**さん、**ミコト**ちゃん
裏庭を「ベジブリスヤード」と名付け、マルシェを開催していきます。

菓心 なかむら

カシン ナカムラ

阿蘇市
黒川

Cafe　Goods　Bread　**Sweet** etc

噴火するスイーツ「中岳ショコラ」185円。電子レンジで10秒チンすると中からトロリと溶け出すチョコレートとお餅が登場。阿蘇ジオパークブランド認定品。

大自然の真ん中で今日も甘いおもてなし

ＪＲ阿蘇駅から程近くにある、地元民からも長く愛される菓子店。扉を開けた途端に広がる甘い香りが、体の隅々まで行き渡る。元はお菓子の卸会社だったが、平成２年に店舗をオープン。できるだけ地元のものを使いたいと、近所の牧場から仕入れる牛乳をはじめ、卵やイチゴも阿蘇産だ。

「お菓子を通して阿蘇の魅力を伝えたい」という店主の想いは、真っ赤なオーブンで焼き上げる「玉岳シュー」や「米塚もちパイ」、オープン時からのロングセラー「火文字焼」など、見ただけで阿蘇の自然や風物を思い起こさせるお菓子の具現化に表れている。それぞれにどんな思いを込めているか、手書きのポップにも注目しながら、今日の旅の連れを選ぶことにしよう。

神父の帽子をイメージした、まあるいズコットチーズケーキ1,080円。

Menu

玉岳シュー	108円
かるでらロール	1,080円
外輪山シフォンケーキ	1,080円
生デコレーション5号	2,500円

阿蘇中岳火口の美しい火口池をイメージしたという湯だまりプリン185円。

1

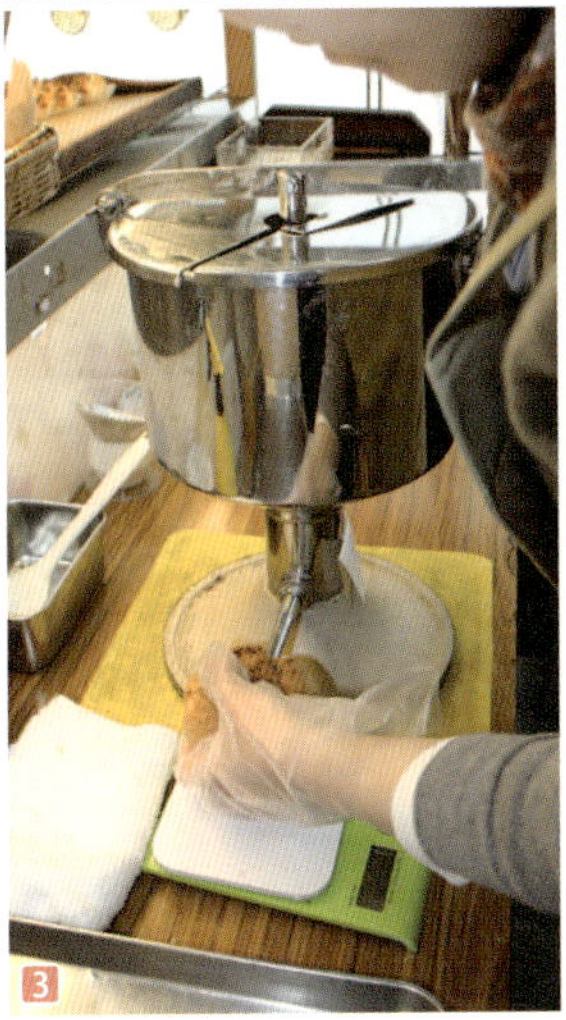

3

2

1 ショーケースには、季節に合わせた素材を使うカラフルなケーキがいくつも並ぶ。

2 お好きなスイーツを選んだ後は、イートインもOK。出来立ての味わいが楽しめる。

3 シュークリームやパイは、注文後にクリームを詰めてくれる。午前中に一度売り切れることも。

菓心 なかむら

☎ 0967-34-0321

JR豊肥本線「阿蘇駅」から徒歩約4分

熊本県阿蘇市黒川1490-2

9:00～19:00（日曜は～17:00）

元日

約5台

CARD 不可

代表取締役 **中村浩**さん

毎日真心と愛情を込めて、一つひとつ丁寧に作っています。

隠れ茶房 茶蔵

カクレサボウ サクラ

Cafe　Goods　Bread　Sweet etc

阿蘇市
蔵原

入ってすぐの場所にある、じんわりと暖かく空気が乾燥しない薪ストーブを横目に、眺めの良いカウンター、小上がりのゆったりソファー席、お好きな場所で。

3つのスポットで楽しむ ランチとコーヒーと雑貨

200年以上もの長い間、風雪に耐えながら歴史を刻み続けた納屋をリノベーションして作られたカフェは、隠れ家好きの大人が喜ぶ特別な空間。小さな入り口をかがんで入ると、漆喰の柱とボコボコした土間に差し込むやさしい光が、店内を温かく包み込む。

　福岡や赤坂で修業した和食出身のシェフが腕を振るうのは、自家農園の野菜や米を使った季節の料理や、ダッチストーブで焼き上げるスイーツ。隣の店舗でハンドピックした自家焙煎コーヒーとともに、ゆっくり味わいたい。さらにその奥は、渋みとかわいさが混じるアンティーク家具や雑貨、アクセサリーが並ぶ雑貨店へと続く。広い庭をうろうろ散策しながら、季節の木や草花に目を向けるのも楽しそう。

日によって異なるカフェラテアート
450円〜にも、ほっこり癒される。

Menu

肥後あか牛の炭火焼	2,180円
自家焙煎コーヒー	450円
本日のケーキセット	750円
ダッチベイビー	1,200円

熊本の作家さんによる手作りアクセサリーやカゴバッグなどの小物も充実。

1 ダッチオーブンでカリッと焼いた器ごと食べる、もちもちスイーツ。エスプレッソをたっぷりと。

2 自家焙煎のマシンが置いてあるスペースでは、コーヒー豆の販売もしている。100g550円〜。

3 選べるパスタランチは、菜園野菜のサラダやスープなどが付いて1,200円。プラス100円でパン付。

隠れ茶房　茶蔵

☎ 0967-34-0087
- JR豊肥本線「いこいの村駅」から車で約9分
- 熊本県阿蘇市蔵原625-1
- 11:30〜17:00
- なし
- 20席
- 全席禁煙
- 水曜
- 25台
- CARD 不可

飲食事業部長 笹木貴史さん、絵美さん夫妻
阿蘇の美味しさが詰まったランチとこだわりのコーヒーを用意しています。

olmo coppia

オルモ コッピア

Cafe　Goods　Bread　Sweet etc

阿蘇市
蔵原

車麩のソテーをメインに、たっぷりの有機野菜と季節の惣菜3品が盛られた「畑の野菜ワンプレートセット」1,296円。スープ、パン、デザート付き。

食を楽しむことは生活に彩りを与えること

イタリア語で「一対のケヤキ」という意味を持つ店名が表すように、店を守るようにそびえ立つ2本の大きなケヤキが印象的なオーガニックカフェ。熊本市のオーガニックレストランで勤務していた店主の実家の蔵を改装し、店舗を構えて8年目。店内には薪ストーブが置かれ、頭上には大きな梁が張り巡らされている。

メニューに使う無農薬野菜は、南阿蘇を中心に契約農家の元へ直接買い付けに行く。そこに、国産純生クリームや薬不使用卵、無添加の調味料が合わさる。さらに、自家菜園の野菜と自家製卵を少々。食後は有機栽培豆コーヒーまたはオーガニックハーブティーで。食を通して生産者とお客さまを繋ぐこの店は、根っ子の役割を十分に果たしているようだ。

温かい色合いのクラフト品。レンコンの箸置きなどはカフェでも使用。

Menu

畑の野菜パスタセット	1,220円
ひよこ豆のマクロビカレー	1,296円
自家製チーズケーキ	486円
自家製ミントティー(※期間限定)	486円

1 ちぢみホウレン草など季節によって内容が変わるチーズケーキは、てんさい糖のやさしい味付け。

2 ロフトでは熊本市内の作家さんたちの作品がかわいく並べられている。不定期で展示会も開催。

3 自家菜園のフレッシュミントを煮込み、レモンで仕上げたミントティー。

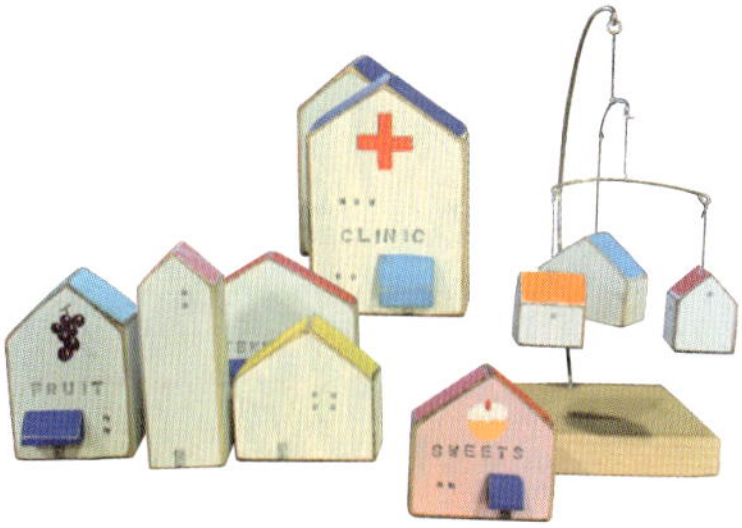

熊本の作家さんによる手作りの「木のおうち」シリーズ各250円〜。

olmo coppia

☎ 0967-34-1710

- JR豊肥本線「いこいの村駅」から車で約9分
- 熊本県阿蘇市蔵原627-1
- 11:30〜17:00(OS)
- なし
- 24席
- 全席禁煙
- 月・火曜
- 7台
- CARD 不可

スタッフ 斎藤さん、店主 竹原直樹さん
このケヤキの木のように地に足の着いたお店でありたいと思います。

robin ASO

ロビン アソ

Cafe　Goods　Bread　Sweet etc.

阿蘇郡
南阿蘇村

コットンやリネン100%など天然素材にこだわったコーナー。「evam eva」や「mature ha.」、「fog linen work」などのブランドが季節ごとに登場。

大自然と緑に包まれたアイテムの宝庫

山小屋のような外観で木々の緑に囲まれ、石の看板が目印の325号線沿いにあるセレクトショップ。店内に入ると服飾雑貨や生活雑貨などが揃うコーナーがあり、奥にはカジュアルやハイブランドのアウトレットと天然素材にこだわったシンプルな大人の日常着を揃えたコーナーがあり、3つの空間に分かれている。

様々なテイストの商品があるので、宝探しのような感覚でショッピングを楽しんで頂きたいとにこやかに話すオーナー。阿蘇だからできる仕事がしたいと、都心から移住しショップを展開したという。ここでしか手に入らないインポートブランドが揃い、各地からリピーターさんが訪れるほど。永く愛用できる素材にこだわった商品をぜひ試してほしい。

「LAPUAN KANKURIT」と鹿児島睦さんの商品やバッグなど肌触りも○。

Item

Tシャツ	7,020円〜
ストール	4,212円〜
バック	3,240円〜
ソックス	1,944円〜

ティーポット4,104円、カップ972円。「TEAK WOOD」製品486円〜。

1 服飾雑貨をはじめ、かるべクッキーや木工房「FUQUGI」のカップなど珍しい商品も。

2 「RED CARD」や「Healthy」、「Dr.Denim」のデニムなどを扱うアウトレットコーナー。

3 フィンランド製のもこもこソックスコーナー（冬期限定）。ムーミンのキャラクターが愛らしい。

robin ASO

0967-67-2338

南阿蘇鉄道高森線「長陽駅」から車で約3分

熊本県阿蘇郡南阿蘇村河陽3811-1

11:00〜18:00

水・木曜（祝日は営業）

10台

CARD 各種可

店主 KANAKOさん

宝探しのような気分でお買い物を楽しんで下さいね。

南阿蘇 素材のみる夢 めるころ

ミナミアソソザイノミルユメ　メルコロ

Cafe　Goods　Bread　Sweet etc

阿蘇郡
南阿蘇村

ごまの香りがたまらない角パンや、木の実や全粒粉をたっぷり使用した農夫のパン、クランベリーの酸味とチーズがマッチしたクランベリーチーズは外せない。

パンやジャムの宝石箱
南阿蘇の森のパン屋さん

国道325号線を高森方面へ向かうと右手にログハウス風の建物が目印のめるころ。パン工房と菓子工房、カフェを併設した地元から観光客まで幅広い層のリピータが店内に溢れる人気店だ。山ぶどうがたっぷり入った天然酵母パンや、ドライフルーツやナッツを使った食事パンなど約60種類がどんどん焼き上がる。

パン職人であるオーナーはワインが好きとの事もあり、約30種類のワインがそろうワインセラーを併設。ワインに合いそうなクラッカーやパンも多い。じっくり時間をかけ、昔ながらの製法を大切に守り続けて約20年。知る人ぞ知るみんなに愛されるパン屋さんは、今日もいい香りをただよせながらみんなの笑顔ために焼き続けている。

苺やバナナ、柿、焼きりんご、ベリーなど
たっぷりのせたフルーツタルト。

Menu	
パン	98円～
フルーツタルト	432円
めるころーる	1,080円
ジャム	324円～

キューブチョコ（右上）、レーズンクリームチーズ（左上）、チーズとクルミのロデフ（下）。

1 パンの試食も用意されているのでパクっと味見をしながらお好みをチョイスできるのが嬉しい。

2 フルーツを始め、濃厚なミルクやミルクティーなどバラエティ溢れる約27種類のジャムが揃う。

3 ワインセラーにはチリやイタリア、フランスのワインが。その日の気分でパンと一緒にいかが？

南阿蘇 素材のみる夢 めるころ

0967-67-2056
南阿蘇鉄道高森線「長陽駅」から車で約3分
熊本県阿蘇郡南阿蘇村河陽坂の上3765
9:00～19:00(12月・1月・2月は～18:00)
なし
店内20席、テラス20席
全席禁煙
木曜、第1・第3水曜
25台
不可

スタッフ 坂井章加さん
愛情たっぷりのパンを焼いています。山ぶどうパンがオススメですよ。

Seiffener Tippel

ザイフェナー・ティッペル

Cafe　Goods　Bread　Sweet etc

阿蘇郡
南阿蘇村

くるみ割人形をはじめ、マッチ箱に入ったミニチュア木工細工や、ろうそくの光で照らし出されるドイツの建物をモチーフにしたライトハウスなどが並ぶ。

おもちゃ箱から飛び出した
ドイツからの贈り物

阿蘇くじゅう国立公園にあるペンションのんびり村の一角に、ドイツのイメージを醸し出す赤と白を基調とした可愛らしいとんがり屋根が目印のドイツ雑貨カフェの店がある。

穏やかな風と木々の音が心地よい空間の中、木製のステンドグラスが埋め込まれた扉を開くと、ドイツ・ザイフェン村の職人が手がけた木工おもちゃが約300種類並ぶ。大小異なるくるみ割人形をはじめ、光を照らすライトハウスや、煙出し人形などが揃い、中でも日本ではここでしか手に入らないというハンドメイドのキッチン魔女シリーズも。

本場の製法を守りながらじっくり焼き上げるバウムクーヘンの甘い香りに包まれながら、異国情緒あふれる世界へとたどり着いたようだ。

バウムクーヘンはテイクアウト有り。
甘い香りのフルーツティー400円。

1

Item & Menu

くるみ割り人形	5,900円〜
幸せを呼ぶ魔女	1,600円〜
ライトハウス	2,900円〜
バウムクーヘン	250円

3

2

くるみ割り人形や木工のおもちゃなど沢山揃いまるで博物館のよう。

1 Gackの幸せをよぶ魔女やキッチン魔女は日本ではここでしか手に入らない希少な人形。

2 温かみのある木製の異なるテーブルや椅子が並ぶ。中2階のとんがりスペースがおすすめ。

3 胴体にお香を入れ火をつけると口から煙が出る煙出し人形。ドイツのお香も揃う。

Seiffener Tippel

0967-67-3736
南阿蘇鉄道高森線「長陽駅」から車で約6分
熊本県阿蘇郡南阿蘇村河陽4635-6
(ペンションのんびり村内)
10:00〜18:00
なし
14席
全席禁煙
水曜
10台　CARD 不可

オーナー　小山陽子さん
ドイツの素敵な世界を皆様にもお裾分けしたいですね。

DOG GARDEN 南を翔る風

ドッグガーデン　ミナミヲカケルカゼ

Cafe　Goods　Bread　Sweet etc

阿蘇郡
南阿蘇村

彩り豊かなパスタランチは地元の旬野菜と赤牛、太麺の生パスタを使用したガーリック風味。目当てに県外からのリピーターもいるほど自慢なお味。

わんちゃんもご一緒に！
阿蘇の大地でリラックス

南阿蘇村の「あそ望の郷くぎの」すぐ側に阿蘇五岳の雄大な景色を見渡せる200坪の芝生ドッグランやペットホテル、トリミングを併設したドッグカフェ。齊藤さんは両親と温泉旅行に来た際、南阿蘇の地に感動し東京から移住を決意。幼い頃から動物が好きで、自ら愛犬のトリミングをしたいと資格を取得、栄養士の資格も活かしドッグランカフェをスタートさせた。

地産地消と健康にこだわり、栄養バランスを配慮したメニューは見た目も鮮やかで、赤牛100%のハンバーグはボリューム満点のオススメランチ。ワンちゃん用も馬肉ウインナーや宮崎ハーブ鶏のササミなどを取り入れたバランス良い盛り合わせ。ちょっぴり贅沢なランチを愛犬と一緒にのんびり楽しもう。

季節のフルーツやケーキ、アイスのセット、
珈琲はカナダのクッキー付。

Menu & Item

赤牛ハンバーグランチ	2,000円
パスタランチ	1,500円
ケーキセット	1,000円〜
ドッグラン(犬)	500円〜

栄養バランス抜群のワンちゃんランチ。
愛くるしい心ちゃんで癒されて。

1

3

2

1 ロッキングチェアーやリクライニングする椅子でゆっくりと。穏やかな風の中うたた寝もOK。

2 悠々と駆け巡る大地君やベトリンテリアの兄弟など5匹の可愛い看板犬達がまってるよ。

3 店内スペースは1日1組限定の特別席。愛犬の姿や阿蘇の山並みを眺めながらホッとひと息。

DOG GARDEN 南を翔る風

☎ 080-3120-2723(予約制)
あそ望の郷くぎのから徒歩約5分
熊本県阿蘇郡南阿蘇村久石2848-1
11:30〜17:00
11:30〜14:00(予約制)
テラス20席
全席禁煙
不定休
8台
CARD 不可

オーナー 齊藤葉子さん
阿蘇の我が家に帰って来たような
楽しい時間をお過ごし下さい。

絵本カフェ カシュカシュ

エホンカフェ カシュカシュ

Cafe Goods Bread Sweet etc

阿蘇郡
南阿蘇村

チェコやデンマークなど海外の物から日本の物まで、季節によって入れ替えをする絵本が揃う。ニットやレース、キルトなど要望に添って注文を受けている。

大自然のパワーが漲る 静かな森の中のカフェ

「あそ望の郷くぎの」から南西に位置しオレンジの外観と三角屋根が目印となる一軒家の絵本カフェ。オーナーのお子さんが小さい時から読み聞かせで集めた絵本や写真集が約250冊あり、大人も楽しめるほどバラエティ溢れる本を観覧することができる。

ハワイアンキルトやエコクラフトなど色彩豊かな雑貨を展示・販売。編みたい物の相談や編みかけの物を持参していくと食事を楽しみながら丁寧に教えてくれるという。また究極の癒し効果があるというヒーリングライアーをオーナーが奏るとそのまま眠りにつく方もいらっしゃるとか。

森の中に癒しが隠れていそうな、時間が止まったそんな感覚になる場所を探し出した気がする。

オーナーの妹さんとコラボした作品のハワイアンキルト。

Item & Menu

トマトソースパスタ	1,200円
キーマーカレー	1,000円
ハワイアンキルト	2,500円～
ニット帽	3,000円～

ハワイアンキルトのポーチ500円～、バッグ8,000円～、キット2,500円～。

1 大豆やひよこ豆など4種類の豆が入った焼きカレー1,200円。ぜんざい（ドリンク付）800円。

2 一番人気のニット帽やマフラー。自分好みのイメージをチョイスしてみては。

3 レース編みのショールから小物まで一針一針丁寧に編まれた全て手作りの作品5,000円～。

絵本カフェ カシュカシュ

☎ 080-4745-0174

- 南阿蘇鉄道高森線「中松駅」から車で約12分
- 熊本県阿蘇郡南阿蘇村久石3665-12
- 10:00～日没（夜は要予約）
- なし
- 12席
- 全席禁煙（デッキのみ喫煙可）
- 第3月曜（不定休あり）
- 8台
- CARD 不可

オーナー 田川文代さん

その人にあった癒しを探すお手伝いが出来たらいいですね。

のほほんcafe Bois Joli

ノホホンカフェ ボワ・ジョリ

Cafe　Goods　Bread　Sweet etc

阿蘇郡
南阿蘇村

白と木を基調とした店内には季節で入れ替わる絵本やアンティークな雑貨が飾られている。
スロープがありバリアフリー対応となるので車椅子でも安心。

森の中にひっそりと佇む 絵本のような世界

山の麓にある木や花々に囲まれたイギリスの田舎暮らしをイメージし創られたボワ・ジョリ。店内は壁一面の大きな窓を設置し、どのテーブルからも四季折々の景色を眺めることができ、柔らかな自然光が差し込む空間だ。

アンティーク雑貨やご主人手作りの流木テーブル、小物などが飾られ、ガーデンにはたくさんの木々や花が咲き誇り、秋は赤く染まる紅葉、夏には緑豊かなトンネルになるとか。

またカフェメニューは、1食で沢山の品目をとれるようにと、地物の野菜をたっぷり使用し、身体に優しく安心安全をテーマに用いられている。

看板犬のりりぃちゃんがお出迎えをしてくれる中、森の中で穏やかに流れるのんびりしたひとときを過ごそう。

手作りパンやキッシュ、スコーン等が
カゴに入ったピクニックランチ。

Menu

ボワ・ジョリ風たかなめし	1,300円
ボワ・ジョリの休日(コーヒー)	500円
セイロン風ミルクティー	600円
ガトーショコラ	500円

ベイクドチーズケーキ500円。長野県産100%りんごじゅーす550円。

1 南阿蘇産の全粒粉を使用したナチュラルスコーン。イギリスでは定番のクロテッドクリームとともに。

2 ガーデンには小屋のようなベンチやウォールパネル、ランプや雑貨など至る所に飾られている。

3 冬季になると薪ストーブを設置。木と火のぬくもりが店内全体を優しく包み込む。

のほほんcafe Bois Joli

0967-67-3016

南阿蘇鉄道高森線「南阿蘇水の生まれる里白水高原駅」から車で約12分

熊本県阿蘇郡南阿蘇村河陰409-5

11:30〜17:00

なし

15席

全席禁煙

木・金曜

5台　CARD 不可

オーナー　高倉美那子さん
私の大好きな空間がお客様のリフレッシュになると嬉しいです。

Cafe Scarecrow

カフェ スケアクロウ

Cafe　Goods　Bread　Sweet etc

阿蘇郡
南阿蘇村

大きな窓から差し込む光とポカポカ陽気が心地よい縁側は、是非とも座って欲しいベストシート。連なる和室で火鉢を囲みながらおしゃべりするのも良し。

穏やかな時間が心を癒す 本に囲まれた古民家カフェ

　築100年以上の日本家屋が南阿蘇の地にすっぽりと馴染み、「ただいまっ!」と田舎の実家へ帰って来たかのような雰囲気のスケアクロウ。ここは母娘で営む自家焙煎コーヒーや手作りマフィンが自慢で、連日県内外からリピーターが訪れるほど人気がある古民家カフェだ。広々とした玄関から一歩踏み入れると和室や縁側、屋根裏部屋があり見渡すかぎり和空間の中、まんが本やミステリー、雑誌や絵本まで約1000冊の本が揃う。

　娘さんが小さい頃からおやつとして焼いていたという手作りマフィンを食べながら、天気のよい日はテラスに出て阿蘇山を眺めたり、縁側で読書やお昼寝したり、屋根裏部屋で本を片手にゴロゴロしたり、穏やかな自分時間を過ごそう。

マフィン250円～、冬期はミール系も登場。
酸味が少ない珈琲も美味。

Menu

マフィンプレート	1,100円
煮込みハンバーグ	1,100円
コーヒー	500円～
紅茶	550円～

リネンのキッチンクロスやブックカバーなど少しだけ雑貨も販売。

1 きのこスープや自家製ピクルス、10～15種類の中から好きなマフィンを選ぶマフィンプレート。

2 まんが本が沢山置いてある屋根裏部屋。寺小屋のような文机もあり居心地抜群♪

3 四季を通して咲き誇る花々に囲まれてマイナスイオン溢れる爽やかな空気が心地よいテラス席。

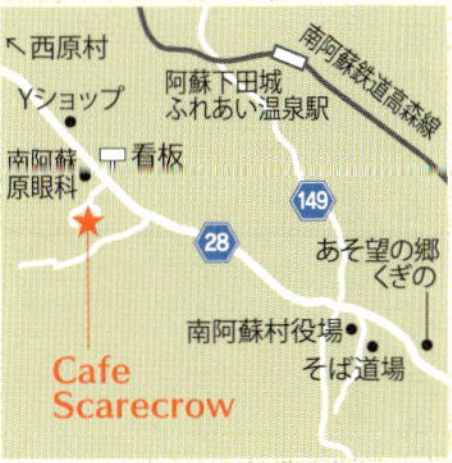

Cafe Scarecrow

☎ 080-5319-7892
あそ望の郷くぎのから車で約10分
熊本県阿蘇郡南阿蘇村河陰3966-10
11:00～18:00(OS17:00)
なし
店内25席、テラス4席
全席禁煙(テラス席のみ喫煙可)
火・水・木曜　(他不定休あり)
5台
CARD 不可

オーナー **原田映子さん、聖子さん親子**
自家焙煎の珈琲と手作りマフィンをゆっくり楽しんで下さい。

和菓子とみそらやcafé

ワガシ ト ミソラヤカフェ

Cafe　Goods　Bread　Sweet etc

阿蘇郡
南阿蘇村

自家製の抹茶やほうじ茶アイス、白玉やあんこなどを盛り込んだみそらやパフェ(左)は人気が高い看板商品。季節限定のいちごパフェ(右)は溢れそうな苺や抹茶の生チョコ付♪

お山のふもとでのんびり くつろぐ和菓子時間

南阿蘇の山々と澄み渡る青空が見える場所、という意味をもつ「みそらや」。その名の通り大きな窓からは、山々や大きな栗の木と大空を望み、靴を脱いでゆっくり寛ぐジャパニーズモダンがコンセプトの空間だ。

丁寧に作られる和菓子は、朝から地元農家へ行き苺を仕入れたりと、素材から生地や食感にもこだわりすべて手作りされる。季節限定のパフェは苺や栗、和菓子は桜餅や草餅、うぐいす餅などその時期にしか味わえない和スイーツたち。夏は新緑と風が心地よい中、さらふわかき氷や、抹茶、ほうじ茶アイスなど、冬は薪ストーブのパチッと音がする空間の中、ぜんざいを楽しむ、そんな日常を忘れた和菓子時間を楽しんで欲しい。

ヘアアクセサリー250円〜。愛らしい
恵山窯の森の妖精「morizoo」1,600円〜。

Menu

みそらやパフェ	700円
和菓子セット	800円
あんみつ	700円
和菓子	150円〜

南阿蘇のそば粉を使用した蕎麦がき
650円。抹茶500円、大福200円〜。

1 木の香りと温もりを感じさせる店内は、大きな窓から差し込む光が心地よく山々を望む和空間。

2 ミルクと栗、あんこ入りのミルクリアンや抹茶、ほうじ茶など蜜から手作りのさらふわかき氷。

3 持ち帰りの和菓子をお洒落にディスプレイ。珈琲の香りが広がる珈琲大福は絶品でおすすめ。

和菓子とみそらやcafé

☎ 0967-67-2066

南阿蘇鉄道高森線
「阿蘇下田城ふれあい温泉駅」から車で約8分

熊本県阿蘇郡南阿蘇村河陰3978-1

12:00〜17:00

なし

店内16席、テラス3席

全席禁煙（テラス席のみ喫煙可）

水・木曜

6台　CARD 不可

オーナー 齊藤俊治さん、りつ子さん夫妻
南阿蘇の大空を眺めながら、ゆっくりと楽しんで頂きたいですね。

hand-sewn 免の石

ハンドソウン メンノイシ

Cafe　Goods　Bread　Sweet etc

阿蘇郡
南阿蘇村

ディスプレイ用に古いミシンをリメイクしたテーブルや、農作業の機材、流木、秤の柄などを使用。古き物から現代の物まで融合した作品が並ぶ店内。

時代を経て蘇る古布の小物や雑貨たち

神秘的なパワースポットで注目を浴びている「免の石」の望見所へ行く登り口に位置し、緑の看板が目印のネーミングを店名にした雑貨店。店内は工房を兼ね、古布をリメイクした洋服や和小物、南阿蘇村の作家さんの作品が店内を彩り豊かに着飾る。昔から物創りが好きだった藤田さんの作品は、着物や帯、麻や綿などをはじめ、矢旗や舞台の幕など古布をリメイクした服や小物など全て1点物。布を眺めながらどんな物を創ろうかと構想し、時間をかけて作品を仕上げていくという。

　四季折々の木々や花が店全体を包み込み、テラスに出ると山頂の水源から湧き出す水流の音を感じながら眼下に広がる阿蘇五岳のロケーションをひとりじめできる空間だ。

かすりのポーチ1,200円～。
バッグや小銭入れ、髪飾りやなどが揃う。

1 ちりめんや帯揚げなどで創られた和小物。表情がそれぞれ異なるウサギが人気1,850円～。

2 着物の裏地など、小さい布を花形などに形成したつまみ細工。松ぼっくりに刺すとかわいい。

3 襦袢などカラフルな生地のキーケース750円。革細工やガラス作家IKKIさんの作品も。

Item & Menu

チェニック	16,000円～
かすり	28,000円～
コーヒー	300円
カップアイス	300円

水源の水で入れたコーヒーは格別。デコポンなどご当地アイスも人気。

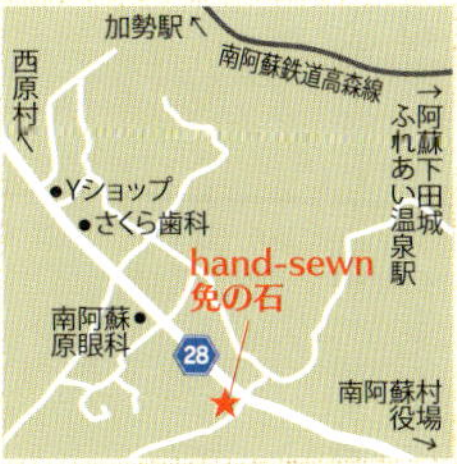

hand-sewn 免の石

080-1730-5436

南阿蘇鉄道高森線
「阿蘇下田城ふれあい温泉駅」から車で約5分
熊本県阿蘇郡南阿蘇村河陰4500-1
11:00～17:00
なし
店内4席、テラス15席
全席禁煙（テラス席のみ喫煙可）
不定休
9台　CARD 不可

オーナー　藤田優美子さん
南阿蘇の風景を眺めながら毎日手作りしています。見に来て下さいね。

阿蘇cafe SOSUI 南阿蘇菓子処 蘇水

アソ カフェ ソスイ　ミナミアソカシドコロ ソスイ

Cafe　Goods　Bread　Sweet etc

阿蘇郡
南阿蘇村

古い馬小屋を改築した木の温もりあるおしゃれなカフェスペース。アンティークな物が好きで集めた雑貨が所々にディスプレイされている。

みんなが笑顔になれる湧水群の麓のケーキ屋さん

幼い頃、和菓子屋を営む祖父の隣でお菓子作りを眺めていた桒島さん。お菓子はみんなを笑顔にする魔法の力があると、いつしかお菓子作りが身に付き、地元の素材にこだわった創作菓子店を開店した。

南阿蘇には湧水群が9ヶ所点在し、ミネラル豊富な天然水を使用する事でより美味しい物が出来上がる。その日の気分で水源に立ち寄り水を汲み、お菓子作りや水出しコーヒーに使用。中でもリコピンやGABAを含むトマトをたっぷり使用した「阿蘇とまとろーる」は1日10個の限定の人気商品だ。季節の果物を楽しめる大きなショートケーキや地酒のれいざんとブランデーに漬け込んだフルーツの大人のケーキなど地元ならではの優しいお菓子に出逢えるはず。

りんごがゴロゴロ入ったアップルパイセット850円。
壺焼きプリン400円。

Menu

阿蘇とまとろーる(1日10本限定)	800円
点滴水だしコーヒー	450円
マンゴーピンス(夏季限定)	580円
阿蘇がりップル	180円

米塚モンブラン450円。地酒入りの阿蘇ぬれブランデーケーキ800円。

1 阿蘇とまとろーるセット650円。阿蘇もりもりモンブランセット750円。(※セットはすべてドリンク付)

2 阿蘇とまとろーる、クレームブリュレ、おすすめデザートが付いた阿蘇デザートセット950円。

3 アンティークビーズや天然石を使用した全て1点物の雑貨、カップなどを販売450円〜。

阿蘇cafe SOSUI 南阿蘇菓子処 蘇水

0967-62-1771
南阿蘇鉄道高森線「南阿蘇白川水源駅」から徒歩約4分
熊本県阿蘇郡南阿蘇村白川420-2
10:00〜17:00(OS16:30)
なし
15席
全席禁煙
水曜(祝日は営業)
30台
CARD 不可

オーナー 菜島由布子さん
とまとろーるを食べて頂き、阿蘇の事を思い出して欲しいですね。

cafe LEEK

カフェ リーク

Cafe　Goods　Bread　Sweet etc

阿蘇郡
高森町

四季折々の根子岳を望みゆっくり座れる窓際は、つい時間を忘れそうな特別席。壁にかけられた絵はご主人の作品で、ペットの絵の注文も受けている。

風に吹かれる野花に野草と根子岳をひとりじめ

結婚当初から南阿蘇が好きで休日に訪れる度に魅了された根子岳のロケーション。「いつかここでカフェを開きたいね」と33年前に語り合い、思い出の場所となったこの地に小さなカフェ雑貨店をオープンさせた。お店の前はまるで北欧のような風景で夏は新緑、秋は紅葉の絨毯が広がり季節ごとに移ろいゆく景色を眺めながらのんびりできる。

「山奥まで来て下さるのだから時間を気にせずゆっくり過ごして欲しい」とランチは1日10食限定。無添加のしょうゆやキビ糖など天然素材の調味料を使用し、阿蘇産野菜をたっぷり食べて欲しいとドレッシングまですべて手作り。ハンドドリップで淹れるオリジナル珈琲と丁寧に作られたスイーツやランチ、絶景で心癒されに行こう！

リネン生地の小物450円〜、
ボトルを収納出来る化粧ポーチ1,890円。

Menu

本日のおまかせランチ	1,200円
LEEKオリジナルコーヒー	450円
100%生搾りりんごジュース	450円
本日のケーキ	300円

ステンドグラスの小物入2,500円〜、
コルク栓オブジェ850円(5個入)。

1 週替わりおまかせランチは、メインをはじめデザートやドリンクまで付いてお腹いっぱいに。

2 すべて手作りの本日のケーキは飲み物とセットがお得。異なる味が楽しめるのも嬉しい。

3 暖かくなると澄み切った空気の中くつろぐのも心地よい。テラスはわんちゃんもOK!

cafe LEEK

0967-62-2590

南阿蘇鉄道高森線「高森駅」から車で約10分
熊本県阿蘇郡高森町上色見2891-21
11:30〜18:00
11:30〜15:00
店内6席、テラス8席
全席禁煙（テラス席のみ喫煙可）
月・木・金曜
4台
CARD 不可

オーナー 古屋弘之さん、雅子さん夫妻
木や花々の綺麗なロケーションの中のんびりと過ごして下さいね。

イツカキタミチ

イツカキタミチ

Cafe　Goods　Bread　Sweet etc

阿蘇郡
西原村

日本の職人が手がけた匠のアイテムがズラリと並ぶ店内。ステンドグラスや絵手紙、ウクレレなどのワークショップを開催中、詳しくはブログをチェック。

日本の伝統と文化を伝えるカタチがココにある

「人との出逢いの場所、おしゃべり空間、そんな集いの場所を作りたくて」とお店を始めたきっかけを微笑みながら話してくれた中濱さん。日本の文化や伝統をもっとたくさんの人に知って欲しいと、店内にはメイドインジャパンの品々が並ぶ。例えば海上自衛隊の船舶で実際に使用している生地で仕上げた横濱帆布のバッグや、和紙を小物にしたＳＩＷＡシリーズ、南部鉄器の急須など、どの品を手に取っても実用性があり、使い込む事で手に馴染む品々ばかり。

中濱さんが枕崎出身との事もあり、枕崎産の鰹節や天然塩の坊津の華、無農薬された手摘みの紅茶などこだわりの食品も販売。ゆっくりとした西原村の一角でメイドインジャパンの息吹が吹き込まれている。

和紙の財布、名刺入れなど。
リバーシブルの横濱帆布バッグが可愛い。

Item

SIWA｜紙和シリーズ	972円〜
横濱帆布045シリーズ	5,900円〜
ブリキ缶(ブリキ・銅・真鍮)	1,620円〜
枕崎産紅茶(40g)	1,000円〜

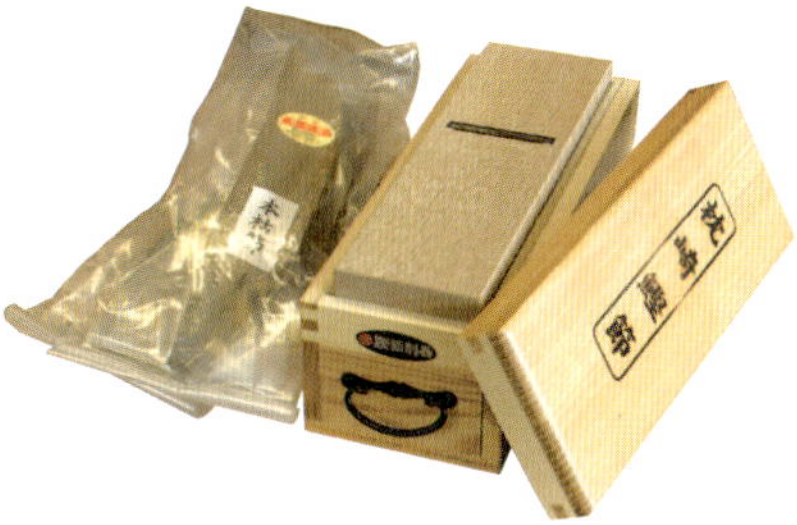

枕崎の鰹節削り8,000円、枕崎産鰹節本枯節480円(100g)。

1 女性2人が手がけたブランドshima shimaの大人可愛い洋服。良質な素材とデザインが人気。

2 全て手作りという東京・浅草にあるSyuRoの缶。経年により風合いや色味の変化を楽しめる。

3 革製やカラフルなバッグが並ぶ。全てハンドメイドの可愛らしいAntique moonのアクセも揃う。

イツカキタミチ

080-1725-6070
西原村役場から車で約3分
熊本県阿蘇郡西原村布田2101-1
11:00〜18:00
5席
全席禁煙
水・土曜
3台
CARD 不可

オーナー **中濱光代**さん
日本の職人による生活雑貨を皆様に提供出来たらいいなと思います。

琉球器の店 ゆい

リュウキュウウツワのミセ ユイ

Cafe　Goods　Bread　Sweet etc

阿蘇郡
西原村

広々とした店内には伝統的な器や個性溢れる作品、すぐに売り切れる程の物などたくさんの琉球雑貨があり、宝探しの感覚でお気に入りを探してみては。

ユイユイゆいま〜る♪
メロディがぴったりの隠れ家

西原村にある萌の里を過ぎた左手から下ると見えてくる木の看板が目印のゆい。森の中にひっそりと佇み、駐車場から玄関までちょっぴり登る小道は、木々や花々に囲まれてワクワクする散歩路のような気分になる。玄関を開けると琉球器やガラスなどが所狭しと並び、まるで沖縄の伝統工芸館?と思わせる空間だ。オーナーが20年間沖縄に住んでいた事もあり、「人とのつながりを大切にし沖縄の良さを広めていきたい」と開店させたのがきっかけ。

店内には約50人の作家の作品や、琉球ガラス、シーサーの他に、喜界島の黒糖やお菓子、食品なども手に入る。大きな窓のカフェスペースで四季折々の山並を眺め、沖縄の雰囲気を味わいながら旅の気分でくつろごう。

ジョッキタイプの泡グラスやソラキュウなど
お酒の席も楽しくなりそう。

Item & Menu

琉球陶器	350円〜
琉球ガラス	950円〜
黒糖等	350円〜
クッキー	120円

奥平清正氏の作品は買い求めてくるリピーターもいる程人気が高い。

1 笑い声が聞こえてきそうなシーサー達の宴会風景。様々な表情のシーサーが可愛らしい。

2 大きな手作りの黒糖蒸しパンorクッキーセット(コーヒー付)500円。ゴーヤ茶もご用意。

3 彩りが見ているだけでも美しい琉球ガラスは種類も豊富。シーサー陶器はペアで7,000円〜。

琉球器の店　ゆい

096-279-4748
俵山交流館萌の里から車で約2分
熊本県阿蘇郡西原村大字小森字桑鶴2190-142
11:00〜18:00
なし
15席
全席禁煙
月・火・水曜(1〜2月は月〜木曜、8月不定休)
10台
CARD 各種可

オーナー 松村玖光子さん
沖縄に行かれる際はアドバイスしますので遊びに来て下さい。

阿蘇マロンの樹

アソマロンノキ

Cafe　Goods　Bread　Sweet etc.

阿蘇郡
西原村

ハンバーグに濃厚な半熟卵とソースが絡み合うロコモコは女性にも人気。マロンおじさんの黒豚ソーセージピザは焼き上げに卵を使用した贅沢な絶品ピザ。

大きな栗の木の下で♪
犬好きに優しいドッグカフェ

西原村の一角に元々栗林だった約１５００坪の広大な敷地に、ドッグランやカフェ、ＢＢＱコーナーを設けた阿蘇マロンの樹。

「ダメを言わなくて遊べる場所」をコンセプトに、愛犬と思いっきり遊べるようにと、山の自然を活かしたエリアや、雨の日でも安心な屋根付ドッグランがある。四季を通し花々や野草、夏にはカブトムシなど自然の生き物の姿も見られ、家族と愛犬とともに思いっきり遊んで思い出作りが出来る。お腹がすいたらシェフ特製のお料理をいただこう。県産の赤牛や馬肉、自家製有機野菜や自家製米など素材にもこだわり抜いた食材で作られる味はすべて絶品。緑に囲まれた敷地で悠々とはしゃぐ愛犬と、阿蘇の景色を眺めながらのんびりとしたひとときを過ごそう。

ケーキコーヒーセット600円。
阿蘇の湧水で淹れた珈琲とともに。

Menu

ハンバーグセット	980円
ロコモコランチ	1,050円
あか牛ピザ(ドリンク付)	1,380円
ワンちゃんご飯(肉煮込)	250円〜

週末に遊びに来るジャイアントシュナウザーのムサシ君。

1 大自然の中を駆け巡り思いっきり遊べるドッグランは無料。わんこと一緒にリフレッシュ。

2 バーベキューも出来るテラス席は、わんこが遊んでる姿を眺めながら食事もできる。

3 遊びに来てくれたわんこ達の写真を展示。沢山の愛犬家が集うので犬友ができるかも!

阿蘇マロンの樹

096-279-1588

- 俵山交流館萌の里から車で約9分
- 熊本県阿蘇郡西原村宮山1734-1
- 10:00〜18:00(冬期〜17:00)
- なし
- 店内20席、テラス50席
- 喫煙可
- 水曜
- 30台
- CARD 不可

スタッフ **園田ミチコ**さん、**大河ミエコ**さん
自然溢れるマロンに、ワンちゃんを連れて気軽に遊びに来て下さい。

Dream Catcher 西原店

ドリームキャッチャー ニシハラテン

Cafe　Goods　Bread　Sweet etc

阿蘇郡
西原村

木の温もり溢れる店内には多彩なカラーを融合させたエスニックな空間。これからプラネタリウムを制作されるそうで、さらに行くのが楽しみに！

120年以上の時を経て アジアの風が息づく世界

時代と月日は刻々と流れ約120年、西原村の集落の一角に農家の母屋として移築された古民家。スタッフ総出で愛情をかけ、手作りされたアジアン雑貨カフェが誕生した。扉を開くとジャズやソウル系の音楽が流れ、色鮮やかなアジアン雑貨が飾られている。日本に居るのにバリ島の古き時代の田舎へタイムスリップしたかのような空気感が心地よい異国情緒溢れるノスタルジックな空間だ。

アンティークの三角暖炉の側でゆらゆら揺れるチェアーやゆっくり座れるソファで寛ぐも良し、光の射す窓際やテラスでのんびりと湧水で淹れた珈琲を片手に空を眺めたり、時には不定期で開催される多ジャンルのライブ音楽を楽しむ、そんな自分時間を過ごして欲しい。

ハンドメイドのあみあみシリーズ5,000円～。
ランプシェード4,800円～。

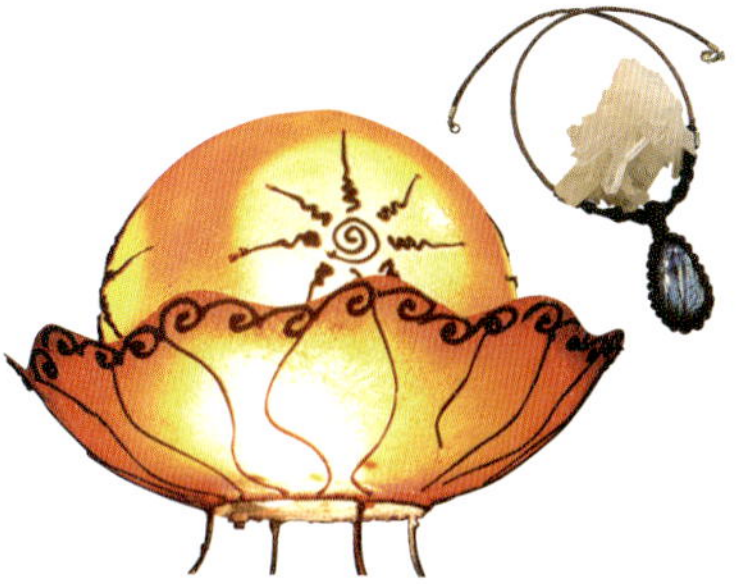

Menu & Item

ランチ	980円～
水の杜の湧水コーヒー	450円
アジアンアクセサリー	500円～
天然石オーダーアクセサリー	3,000円～

バウムクーヘンに自家製果実ソースを添えた風の杜のドリームキャッチャー680円。

1 日替のメインとなるベイクドチキン赤ワインソースなど(上段)。桜肉のストロガノフ(手前)1,380円。

2 25種類のスパイスとフルーツで48時間以上煮込んだ、いやしの杜のキーマカレー680円。

3 優しい光が差し込む窓際席。お一人様でもカップルや友達と寛げるオススメな空間。

Dream Catcher 西原店

096-279-2114
俵山交流館萌の里から車で約14分
熊本県阿蘇郡西原村宮山1547-1
11:00～17:00(OS16:00)(金・土・日～23:00)
11:00～15:00
店内24席、テラス6席
全席禁煙(テラス席のみ喫煙可)
火曜
30台
各種可

マネージャー SHINOBUさん
和とアジアを融合させた雰囲気を味わって欲しいですね。

INDEX

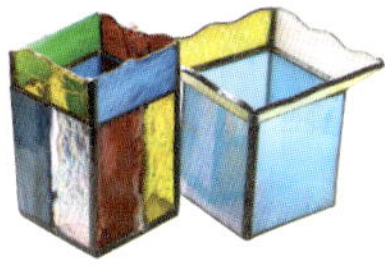

Kawaii♥

STAFF

● 取材・文 ●

高峯　朋美　　後藤奈々子　　姫野ちさよ
山村　春奈

● デザイン ●

家入　志保　　松坂　裕樹　　渡邉　陽子
本田　佳代　　上嶋佐知代

● 撮　　影 ●

守田　義郎　　山村　春奈

● 編　　集 ●

「旅ムック」編集部　井口　昌武
(TEL.096-339-8555)

乙女の湯布院・阿蘇　雑貨屋&カフェさんぽ
かわいいお店めぐり

2016年4月30日　　第1版・第1刷発行

著　者　「旅ムック」編集部（たびむっくへんしゅうぶ）
発行者　メイツ出版株式会社
　　　　代表者　前田信二
　　　　〒102-0093 東京都千代田区平河町一丁目 1-8
　　　　TEL：03-5276-3050（編集・営業）
　　　　　　 03-5276-3052（注文専用）
　　　　FAX：03-5276-3105
印　刷　株式会社厚徳社

メイツ出版ホームページアドレス　http://www.mates-publishing.co.jp/
編集長：折居かおる　　企画担当：折居かおる　　制作担当：千代寧